天一新奥
TIANYI CULTURE

严格依据教育部、国家语言文字工作委员会
印发的《普通话水平测试大纲》编写

普通话水平测试
全真模拟试卷

《普通话水平测试全真模拟试卷》编写组 编

新 华 出 版 社

图书在版编目(CIP)数据

普通话水平测试全真模拟试卷 /《普通话水平测试全真模拟试卷》编写组编.
— 北京 : 新华出版社, 2022.3
ISBN 978-7-5166-6218-2

Ⅰ. ①普… Ⅱ. ①普… Ⅲ. ①普通话—水平考试—习题集 Ⅳ. ①H102-44

中国版本图书馆 CIP 数据核字(2022)第 040731 号

普通话水平测试全真模拟试卷
编　　者:《普通话水平测试全真模拟试卷》编写组

责任编辑: 蒋小云　　封面设计: 郭萌萌

出版发行: 新华出版社
地　　址: 北京石景山区京原路 8 号　　邮　　编: 100040
网　　址: http://www.xinhuapub.com
经　　销: 新华书店
新华出版社天猫旗舰店、京东旗舰店及各大网店
购书热线: 010-63077122　　中国新闻书店购书热线: 010-63072012

照　　排: 天　一
印　　刷: 河南黎阳印务有限公司
成品尺寸: 185mm×260mm
印　　张: 6.5　　字　　数: 156 千字
版　　次: 2022 年 3 月第一版　　印　　次: 2023 年 2 月第二次印刷
书　　号: ISBN 978-7-5166-6218-2
定　　价: 36.00 元

目录

【说明】试卷中个别字词和词语的发音不止一种，考生只要发音正确均可得分。

试卷一

扫码查看
“朗读短文”60篇

一、读单音节字词（100 个音节，限时 3.5 分钟，共 10 分）

蔓 màn	矮 ǎi	促 cù	奔 bēn	采 cǎi	打 dǎ	轨 guǐ	蹲 dūn	发 fā	顺 shùn
前 qián	封 fēng	改 gǎi	刚 gāng	歌 gē	黑 hēi	换 huàn	洗 xǐ	拂 fú	魂 hún
减 jiǎn	扼 è	辑 jí	开 kāi	挡 dǎng	坑 kēng	苦 kǔ	栏 lán	脸 liǎn	论 lùn
毛 máo	刹 chà	烦 fán	摩 mó	裁 cái	堤 dī	名 míng	难 nán	拔 bá	怒 nù
偶 ǒu	扒 bā	平 píng	迫 pò	业 yè	普 pǔ	漆 qī	冻 dòng	曲 qǔ	染 rǎn
霍 huò	人 rén	缠 chán	弱 ruò	撒 sǎ	扇 shàn	上 shàng	径 jìng	声 shēng	公 gōng
凹 āo	事 shì	计 jì	岁 suì	台 tái	饭 fàn	汤 tāng	氨 ān	特 tè	歪 wāi
舞 wǔ	垮 kuǎ	纬 wěi	线 xiàn	团 tuán	响 xiǎng	轿 jiào	棒 bàng	丞 chéng	咽 yān
展 zhǎn	哪 nǎ	宗 zōng	昂 áng	兹 zī	柏 bǎi	憋 biē	苍 cāng	兴 xìng	悔 huǐ
逮 dǎi	叮 dīng	覆 fù	乖 guāi	骇 hài	啐 cuì	窘 jiǒng	渴 kě	厘 lí	捺 nà

二、读多音节词语（100 个音节，限时 2.5 分钟，共 20 分）

爱好 àihào	即使 jíshǐ	爸爸 bà · ba	选手 xuǎnshǒu	促成 cùchéng
逮捕 dàibǔ	灯泡儿 dēngpàor	腐蚀 fǔshí	共鸣 gòngmíng	鬼子 guǐ · zi
果实 guǒshí	自然 zìrán	缓和 huǎnhé	奖金 jiǎngjīn	姑娘 gū · niang
统治 tǒngzhì	相互 xiānghù	包干儿 bāogānr	教授 jiàoshòu	当归 dāngguī
祝贺 zhùhè	氯气 lǜqì	法令 fǎlìng	勉强 miǎnqiǎng	年头儿 niántóur
玉米 yùmǐ	凭借 píngjiè	桥梁 qiáoliáng	饥饿 jī' è	热闹 rè · nao
扫荡 sǎodàng	暗示 ànshì	身份 shēn · fèn	导弹 dǎodàn	老百姓 lǎobǎixìng
处分 chǔfèn	提供 tígōng	采访 cǎifǎng	侮辱 wǔrǔ	把门儿 bǎménr
行李 xíng · li	变换 biànhuàn	雪花 xuěhuā	清楚 qīng · chu	脖颈儿 bógěngr
宠儿 chǒng' ér	一心 yīxīn	牲畜 shēngchù	古兰经 Gǔlánjīng	

三、朗读短文（400 个音节，限时 4 分钟，共 30 分）

作品 15 号

四、命题说话（请在下列话题中任选一个，限时 3 分钟，共 40 分）

1. 我的愿望（或理想）

2. 童年的记忆

试卷二

一、读单音节字词（100 个音节，限时 3.5 分钟，共 10 分）

藏 cáng	板 bǎn	傻 shǎ	安 ān	听 tīng	炒 chǎo	碘 diǎn	梗 gěng	秤 chèng	待 dài
构 gòu	女 nǚ	冯 Féng	累 lèi	握 wò	闰 rùn	您 nín	鹅 é	佯 yáng	抵 dǐ
果 guǒ	喊 hǎn	太 tài	脊 jǐ	任 rèn	嚼 jiáo	京 jīng	酉 yǒu	添 tiān	壳 ké
囊 náng	梦 mèng	鳖 biē	麻 má	涂 tú	列 liè	抱 bào	废 fèi	蜡 là	肯 kěn
嫩 nèn	肝 gān	欧 Ōu	排 pái	雌 cí	稿 gǎo	胚 pēi	坡 pō	起 qǐ	冉 rǎn
熟 shú	蹿 cuān	编 biān	摄 shè	逗 dòu	历 lì	溶 róng	渠 qú	孽 niè	潜 qián
寺 sì	芯 xīn	恒 héng	隋 Suí	卡 kǎ	桃 táo	脉 mài	罚 fá	温 wēn	西 xī
撮 cuō	粥 zhōu	咂 zā	觉 jiào	尹 yǐn	亩 mǔ	崖 yá	拙 zhuō	玄 xuán	贤 xián
靴 xuē	回 huí	枉 wǎng	淌 tǎng	矢 shǐ	部 bù	囚 qiú	魄 pò	侵 qīn	觅 mì
碍 ài	锭 dìng	施 shī	匹 pǐ	弗 fú	喉 hóu	嚷 rǎng	驹 jū	奎 kuí	聋 lóng

二、读多音节词语（100 个音节，限时 2.5 分钟，共 20 分）

作坊 zuō · fang	心眼儿 xīnyǎnr	挖苦 wā · ku	俯首 fǔshǒu	爽快 shuǎng · kuai
轻蔑 qīngmiè	念头 niàn · tou	景致 jǐngzhì	大夫 dài · fu	处理 chǔlǐ
陵墓 língmù	门洞儿 méndòngr	浮游 fúyóu	牌坊 pái · fāng	伙计 huǒ · ji
哥们儿 gē · menr	耳机 ěrjī	尽管 jǐnguǎn	耽搁 dān · ge	参考 cānkǎo
主任 zhǔrèn	溶解 róngjiě	振兴 zhènxīng	摇曳 yáoyè	旦角儿 dànjuér
敏感 mǐngǎn	仓促 cāngcù	铁路 tiělù	染色 rǎnsè	批准 pīzhǔn
企图 qǐtú	所有 suǒyǒu	扭转 niǔzhuǎn	灵活 línghuó	无线电 wúxiàndiàn
田埂 tiángěng	魁梧 kuí · wu	挪动 nuó · dong	好转 hǎozhuǎn	了不起 liǎo · buqǐ
课程 kèchéng	蝴蝶 húdié	费用 fèi · yong	尺寸 chǐ · cùn	案件 ànjiàn
殴打 ōudǎ	语言 yǔyán	半岛 bàndǎo	表演 biǎoyǎn	

三、朗读短文（400 个音节，限时 4 分钟，共 30 分）

作品 6 号

四、命题说话（请在下列话题中任选一个，限时 3 分钟，共 40 分）

1. 我喜爱的动物（或植物）

2. 我喜爱的职业

试卷三

一、读单音节字词（100 个音节，限时 3.5 分钟，共 10 分）

瓣 bàn	鸟 niǎo	踩 cǎi	熊 xióng	辞 cí	否 fǒu	担 dān	谱 pǔ	跟 gēn	反 fǎn
虾 xiā	避 bì	片 piàn	意 yì	杂 zá	看 kàn	雏 chú	赚 zhuàn	抡 lūn	负 fù
危 wēi	发 fā	特 tè	咧 liě	尔 ěr	苏 sū	慧 huì	石 shí	枪 qiāng	然 rán
弄 nòng	率 lǜ	渔 yú	销 xiāo	判 pàn	蟒 mǎng	泉 quán	逮 dǎi	巢 cháo	热 rè
漏 lòu	便 biàn	妃 fēi	亏 kuī	源 yuán	赖 lài	挺 tǐng	酒 jiǔ	界 jiè	横 héng
丢 diū	她 tā	刹 chà	防 fáng	悲 bēi	功 gōng	堆 duī	官 guān	倾 qīng	害 hài
软 ruǎn	弹 dàn	煮 zhǔ	泥 ní	嫡 dí	鼠 shǔ	人 rén	导 dǎo	慢 màn	烂 làn
踱 duó	敷 fū	挥 huī	志 zhì	晨 chén	挖 wā	埠 bù	粉 fěn	霸 bà	癌 ái
扼 è	阀 fá	摇 yáo	擀 gǎn	君 jūn	革 gé	碎 suì	憨 hān	康 kāng	煎 jiān
涉 shè	冲 chōng	扰 rǎo	戚 qī	聂 Niè	迫 pò	擂 lèi	痕 hén	撅 juē	缴 jiǎo

二、读多音节词语（100 个音节，限时 2.5 分钟，共 20 分）

棕榈 zōnglǘ	惩罚 chéngfá	潇洒 xiāosǎ	绝望 juéwàng	滔滔 tāotāo
自始至终 zìshǐ-zhìzhōng	歼灭 jiānmiè	亲家 qìng · jia	萌芽 méngyá	片段 piànduàn
刺猬 cì · wei	模特儿 mótèr	旅程 lǚchéng	口角 kǒujiǎo	饼干 bǐnggān
农垦 nóngkěn	变异 biànyì	短跑 duǎnpǎo	俯冲 fǔchōng	好玩儿 hǎowánr
戒指 jiè · zhi	琢磨 zuó · mo	水准 shuǐzhǔn	档案 dàng'àn	予以 yǔyǐ
小说儿 xiǎoshuōr	星云 xīngyún	委托 wěituō	掠夺 lüèduó	蔚蓝 wèilán
人们 rén · men	请求 qǐngqiú	哪里 nǎ · lǐ	熟悉 shú · xi	天然气 tiānránqì
冷水 lěngshuǐ	这儿 zhèr	举动 jǔdòng	指数 zhǐshù	合作 hézuò
琉璃 liú · li	跟前 gēnqián	报道 bàodào	果品 guǒpǐn	操纵 cāozòng
妖精 yāo · jing	隔壁 gébì	当时 dāngshí	腐朽 fǔxiǔ	

三、朗读短文（400 个音节，限时 4 分钟，共 30 分）

作品 21 号

四、命题说话（请在下列话题中任选一个，限时 3 分钟，共 40 分）

1. 我尊敬的人

2. 我向往的地方

试卷四

一、读单音节字词（100 个音节，限时 3.5 分钟，共 10 分）

宝 bǎo	勒 lè	容 róng	泡 pào	地 dì	康 kāng	鲤 lǐ	贷 dài	笙 shēng	飞 fēi
嫁 jià	话 huà	撤 chè	裴 Péi	祭 jì	汞 gǒng	钙 gài	敞 chǎng	八 bā	粪 fèn
截 jié	哭 kū	牢 láo	铆 mǎo	蕊 ruǐ	子 zǐ	坛 tán	眉 méi	澄 dèng	鸣 míng
惹 rě	切 qiē	泯 mǐn	弃 qì	配 pèi	喘 chuǎn	豁 huō	铜 tóng	跪 guì	纳 nà
仁 rén	伯 bó	钉 dìng	晒 shài	寡 guǎ	天 tiān	女 nǚ	跌 diē	茬 chá	无 wú
钻 zuàn	嗣 sì	幻 huàn	绺 liǔ	云 yún	赫 hè	追 zhuī	漂 piāo	宁 nìng	稀 xī
这 zhè	炼 liàn	腿 tuǐ	映 yìng	砍 kǎn	富 fù	龚 Gōng	弯 wān	脆 cuì	栋 dòng
绛 jiàng	训 xùn	彭 Péng	匾 biǎn	灶 zào	烧 shāo	沁 qìn	概 gài	驱 qū	乏 fá
钧 jūn	谋 móu	槽 cáo	阵 zhèn	笔 bǐ	寒 hán	阔 kuò	仿 fǎng	眸 móu	廿 niàn
熄 xī	叶 yè	塞 sāi	叩 kòu	梨 lí	跛 bǒ	沏 qī	衔 xián	洪 hóng	恼 nǎo

二、读多音节词语（100 个音节，限时 2.5 分钟，共 20 分）

吸吮 xīshǔn	使得 shǐ · de	紫菜 zǐcài	目前 mùqián	恬静 tiánjìng
改编 gǎibiān	冉冉 rǎnrǎn	竣工 jùngōng	可能 kěnéng	乐队 yuèduì
面条儿 miàntiáor	挪动 nuó · dong	试探 shìtàn	起火 qǐhuǒ	弱点 ruòdiǎn
过硬 guòyìng	饭馆儿 fànguǎnr	迅速 xùnsù	错位 cuòwèi	凝视 níngshì
祖先 zǔxiān	委员 wěiyuán	良心 liángxīn	小姐 xiǎojiě	豆芽儿 dòuyár
影响 yǐngxiǎng	脾气 pí · qi	只有 zhǐyǒu	妥协 tuǒxié	误解 wùjiě
所有 suǒyǒu	养活 yǎng · huo	陌生 mòshēng	人类 rénlèi	群众 qúnzhòng
祸害 huò · hai	年头儿 niántóur	部下 bùxià	露水 lù · shui	蕴藏 yùncáng
普通话 pǔtōnghuà	情形 qíng · xing	落实 luòshí	特务 tè · wu	扩充 kuòchōng
决定 juédìng	葡萄酒 pú · táojiǔ	获取 huòqǔ	窟窿 kū · long	

三、朗读短文（400 个音节，限时 4 分钟，共 30 分）

作品 1 号

四、命题说话（请在下列话题中任选一个，限时 3 分钟，共 40 分）

1. 我的学习生活
2. 难忘的旅行

试卷五

一、读单音节字词（100 个音节，限时 3.5 分钟，共 10 分）

杯 bēi	劳 láo	烦 fán	蔡 cài	冀 jì	穷 qióng	阿 ā	滚 gǔn	丰 fēng	干 gàn
骂 mà	奔 bēn	杭 Háng	等 děng	刻 kè	夹 jiá	科 kē	仗 zhàng	惨 cǎn	沟 gōu
瞒 mán	妥 tuǒ	内 nèi	牌 pái	逗 dòu	血 xuè	千 qiān	日 rì	捋 lǚ	散 sàn
优 yōu	惧 jù	歇 xiē	葬 zàng	涮 shuàn	窝 wō	房 fáng	挑 tiāo	黄 huáng	舌 shé
专 zhuān	联 lián	搭 dā	眨 zhǎ	灸 jiǔ	友 yǒu	剖 pōu	悬 xuán	乳 rǔ	偷 tōu
卷 juǎn	乃 nǎi	尊 zūn	绿 lǜ	免 miǎn	农 nóng	秋 qiū	推 tuī	守 shǒu	穗 suì
奖 jiǎng	踢 tī	番 fān	蹲 dūn	含 hán	吾 wú	凑 còu	浑 hún	拉 lā	补 bǔ
躬 gōng	盘 pán	坟 fén	怎 zěn	秧 yāng	踹 chuài	扛 káng	掰 bāi	淮 Huái	艾 ài
棍 gùn	别 bié	川 chuān	儒 rú	捣 dǎo	元 yuán	裤 kù	盔 kuī	瞎 xiā	燎 liáo
癣 xuǎn	击 jī	祛 qū	帛 bó	杉 shān	擦 cā	当 dāng	聘 pìn	如 rú	篓 lǒu

二、读多音节词语（100 个音节，限时 2.5 分钟，共 20 分）

作案 zuò'àn	迎接 yíngjiē	两口子 liǎngkǒu · zi	稳当 wěn · dang	铁索 tiěsuǒ
思量 sī · liang	热忱 rèchén	含糊 hán · hu	颈椎 jǐngzhuī	广场 guǎngchǎng
疟疾 nüè · ji	模特儿 mótèr	顽强 wánqiáng	顷刻 qǐngkè	古董 gǔdǒng
哥们儿 gē · menr	遏止 èzhǐ	野蛮 yěmán	短暂 duǎnzàn	语法 yǔfǎ
行李 xíng · li	买卖 mǎi · mai	否则 fǒuzé	末期 mòqī	作法 zuòfǎ
气氛 qì · fēn	水手 shuǐshǒu	望远镜 wàngyuǎnjìng	乞讨 qǐtǎo	愚昧 yúmèi
所有 suǒyǒu	养活 yǎng · huo	主意 zhǔ · yi	人影儿 rényǐngr	失火 shīhuǒ
核儿 húr	炽热 chìrè	靴子 xuē · zi	本色 běnsè	聪明 cōng · míng
土壤 tǔrǎng	本领 běnlǐng	补贴 bǔtiē	锦标赛 jǐnbiāosài	拥护 yōnghù
杂志 zázhì	审美 shěnměi	种群 zhǒngqún	安培 ānpéi	

三、朗读短文（400 个音节，限时 4 分钟，共 30 分）

作品 34 号

四、命题说话（请在下列话题中任选一个，限时 3 分钟，共 40 分）

1. 我的朋友

2. 我喜爱的书刊

试卷六

一、读单音节字词（100 个音节，限时 3.5 分钟，共 10 分）

窘 jiǒng	岩 yán	疗 liáo	簇 cù	岸 àn	腿 tuǐ	多 duō	嗜 shì	赴 fù	纲 gāng
幕 mù	鬓 bìn	拿 ná	略 lüè	来 lái	惹 rě	机 jī	砍 kǎn	好 hǎo	贵 guì
娘 niáng	掸 dǎn	坡 pō	恋 liàn	勤 qín	旧 jiù	酚 fēn	扫 sǎo	蔫 niān	碳 tàn
资 zī	恕 shù	癞 lài	佃 diàn	压 yā	催 cuī	席 xí	卫 wèi	滞 zhì	脱 tuō
跃 yuè	保 bǎo	醒 xǐng	汪 wāng	藤 téng	率 lǜ	少 shǎo	氢 qīng	怒 nù	犁 lí
蹬 dēng	抠 kōu	法 fǎ	牧 mù	骨 gǔ	划 huá	匾 biǎn	浆 jiāng	还 hái	狼 láng
许 xǔ	遣 qiǎn	矫 jiǎo	跛 bǒ	攻 gōng	呵 hē	胆 dǎn	弯 wān	脆 cuì	栋 dòng
奥 ào	抹 mǒ	嗤 chī	启 qǐ	皴 cūn	棚 péng	椅 yǐ	容 róng	盟 méng	罐 guàn
葛 Gě	剂 jì	捶 chuí	扎 zhā	坤 kūn	都 dōu	宾 bīn	驾 jià	喙 huì	禾 hé
格 gé	顺 shùn	瞥 piē	杈 chā	犬 quǎn	非 fēi	晚 wǎn	舔 tiǎn	昔 xī	曳 yè

二、读多音节词语（100 个音节，限时 2.5 分钟，共 20 分）

阻挡 zǔdǎng	奥秘 àomì	纬度 wěidù	热带 rèdài	杏儿 xìngr
一致 yīzhì	稳妥 wěntuǒ	疗养 liáoyǎng	迅速 xùnsù	婆家 pó · jiā
冗长 rǒngcháng	考究 kǎo · jiu	手绢儿 shǒujuànr	跳蚤 tiào · zao	浪头 làng · tou
嗓门儿 sǎngménr	解渴 jiěkě	黑暗 hēi' àn	产品 chǎnpǐn	党委 dǎngwěi
反应 fǎnyìng	咖啡 kāfēi	领导 lǐngdǎo	混淆 hùnxiáo	录像机 lùxiàngjī
惩罚 chéngfá	比喻 bǐyù	感染 gǎnrǎn	口袋 kǒu · dai	歼灭 jiānmiè
稀罕 xī · han	没收 mòshōu	乒乓球 pīngpāngqiú	契约 qìyuē	如果 rúguǒ
舆论 yúlùn	垄断 lǒngduàn	没准儿 méizhǔnr	宣告 xuāngào	在乎 zài · hu
电磁 diàncí	摄影 shèyǐng	首领 shǒulǐng	遭受 zāoshòu	雨点儿 yǔdiǎnr
障碍 zhàng' ài	颤抖 chàndǒu	公有制 gōngyǒuzhì	发表 fābiǎo	

三、朗读短文（400 个音节，限时 4 分钟，共 30 分）

作品 46 号

四、命题说话（请在下列话题中任选一个，限时 3 分钟，共 40 分）

1. 谈谈卫生与健康

2. 谈谈美食

试卷七

一、读单音节字词（100 个音节，限时 3.5 分钟，共 10 分）

鬃 zōng	内 nèi	虞 yú	裂 liè	薰 xūn	名 míng	辖 xiá	剜 wān	筐 kuāng	帖 tiē
廊 láng	遮 zhē	鳗 mán	厅 tīng	阙 què	贫 pín	润 rùn	麝 shè	嚼 jiáo	笋 sǔn
廓 kuò	谁 shuí	拘 jū	仕 shì	徽 huī	鸭 yā	朱 zhū	伐 fá	碳 tàn	概 gài
滋 zī	俟 sì	铺 pū	搬 bān	赐 cì	爱 ài	嫌 xián	迭 dié	越 yuè	匪 fěi
蓝 lán	秸 jiē	砧 zhēn	啃 kěn	茧 jiǎn	岛 dǎo	胎 tāi	湖 hú	派 pài	搞 gǎo
力 lì	瘾 yǐn	畦 qí	卤 lǔ	蒙 méng	畜 chù	薄 báo	冠 guàn	朽 xiǔ	凭 píng
微 wēi	集 jí	凸 tū	海 hǎi	刊 kān	史 shǐ	秧 yāng	僧 sēng	去 qù	谴 qiǎn
细 xì	吊 diào	槽 cáo	拎 līn	锌 xīn	念 niàn	壑 hè	软 ruǎn	疑 yí	恒 héng
漏 lòu	歇 xiē	客 kè	较 jiào	花 huā	弦 xián	醉 zuì	艇 tǐng	羔 gāo	栽 zāi
伤 shāng	宋 Sòng	拖 tuō	俘 fú	想 xiǎng	怯 qiè	蟹 xiè	访 fǎng	笔 bǐ	当 dāng

二、读多音节词语（100 个音节，限时 2.5 分钟，共 20 分）

模仿 mófǎng	性能 xìngnéng	利润 lìrùn	妊娠 rènshēn	爱人 ài · ren
污蔑 wūmiè	打交道 dǎjiāo · dao	懂得 dǒng · de	烈士 lièshì	聪明 cōng · míng
衡量 héngliáng	液态 yètài	把握 bǎwò	非法 fēifǎ	赶紧 gǎnjǐn
典型 diǎnxíng	蛋白 dànbái	活跃 huóyuè	酒盅儿 jiǔzhōngr	精神 jīng · shen
冒险 màoxiǎn	古典 gǔdiǎn	老头儿 lǎotóur	筛选 shāixuǎn	唾液 tuòyè
狞笑 níngxiào	恐慌 kǒnghuāng	纳粹 Nàcuì	会计 kuài · jì	女皇 nǚhuáng
饶恕 ráoshù	蒲公英 púgōngyīng	取经 qǔjīng	漆器 qīqì	坍塌 tāntā
冷静 lěngjìng	撒谎 sāhuǎng	好玩儿 hǎowánr	牌坊 pái · fāng	蜡烛 làzhú
乾坤 qiánkūn	搪瓷 tángcí	纽扣儿 niǔkòur	慰藉 wèijiè	报酬 bào · chou
眼睑 yǎnjiǎn	消遣 xiāoqiǎn	脏腑 zàngfǔ	场所 chǎngsuǒ	

三、朗读短文（400 个音节，限时 4 分钟，共 30 分）

作品 11 号

四、命题说话（请在下列话题中任选一个，限时 3 分钟，共 40 分）

1. 我的业余生活

2. 我的成长之路

试卷八

一、读单音节字词（100 个音节，限时 3.5 分钟，共 10 分）

逼 bī	煞 shà	入 rù	册 cè	寨 zhài	圃 pǔ	度 dù	供 gòng	他 tā	繁 fán
嚼 jiáo	洒 sǎ	激 jī	虎 hǔ	赋 fù	氧 yǎng	害 hài	杆 gǎn	垛 duǒ	膏 gāo
刻 kè	胃 wèi	乐 lè	癖 pǐ	露 lù	镁 měi	卑 bēi	能 néng	肋 lèi	平 píng
闪 shǎn	赛 sài	导 dǎo	髻 jì	鞭 biān	日 rì	绕 rào	劝 quàn	琴 qín	盆 pén
收 shōu	缰 jiāng	逃 táo	掐 qiā	垮 kuǎ	团 tuán	瓦 wǎ	下 xià	神 shén	陷 xiàn
者 zhě	丙 bǐng	咱 zán	永 yǒng	培 péi	除 chú	烟 yān	刁 diāo	宠 chǒng	效 xiào
中 zhōng	跷 qiāo	坝 bà	摸 mō	坎 kǎn	筏 fá	卜 bǔ	畅 chàng	星 xīng	厨 chú
挥 huī	擀 gǎn	沸 fèi	睬 cǎi	桂 guì	削 xuē	堤 dī	疮 chuāng	戴 dài	庵 ān
焊 hàn	紧 jǐn	琼 qióng	属 shǔ	谏 jiàn	窥 kuī	脓 nóng	摞 luò	沫 mò	撵 niǎn
也 yě	临 lín	澳 ào	唇 chún	奴 nú	同 tóng	坐 zuò	竭 jié	蜷 quán	蒜 suàn

二、读多音节词语（100 个音节，限时 2.5 分钟，共 20 分）

喜庆 xǐqìng	包干儿 bāogānr	锁链 suǒliàn	难题 nántí	晓得 xiǎo · de
笔者 bǐzhě	钥匙 yào · shi	管道 guǎndào	圆舞曲 yuánwǔqǔ	腐朽 fǔxiǔ
等待 děngdài	尺度 chǐdù	鉴别 jiànbié	本体 běntǐ	毁灭 huǐmiè
绝着儿 juézhāor	宰相 zǎixiàng	阴霾 yīnmái	孔雀 kǒngquè	目的 mùdì
硫酸 liúsuān	迫害 pòhài	谚语 yànyǔ	疏忽 shū · hu	纳税 nàshuì
联结 liánjié	特例 tèlì	麻醉 mázuì	清醒 qīngxǐng	一会儿 yīhuìr
人家 rén · jia	怂恿 sǒngyǒng	漫长 màncháng	憎恨 zēnghèn	妥善 tuǒshàn
挖潜 wāqián	喧嚣 xuānxiāo	判决 pànjué	玩意儿 wányìr	优雅 yōuyǎ
统辖 tǒngxiá	仲裁 zhòngcái	桅杆 wéigān	消磨 xiāomó	改革 gǎigé
金刚石 jīngāngshí	逊色 xùnsè	纳闷儿 nàmènr	灼热 zhuórè	

三、朗读短文（400 个音节，限时 4 分钟，共 30 分）

作品 30 号

四、命题说话（请在下列话题中任选一个，限时 3 分钟，共 40 分）

1. 我喜爱的文学（或其他艺术形式）

2. 谈谈个人修养

试卷九

一、读单音节字词（100 个音节，限时 3.5 分钟，共 10 分）

渍 zì	仆 pú	傻 shǎ	苑 yuàn	搭 dā	邑 yì	秒 miǎo	波 bō	叠 dié	铣 xǐ
瑞 ruì	轮 lún	慎 shèn	聘 pìn	谭 Tán	稻 dào	祀 sì	屠 tú	拣 jiǎn	悟 wù
瘸 qué	风 fēng	贝 bèi	擎 qíng	绥 suí	次 cì	刨 páo	藕 ǒu	拗 niù	拈 niān
口 kǒu	割 gē	类 lèi	鼓 gǔ	罗 luó	斋 zhāi	没 méi	错 cuò	灰 huī	逆 nì
炕 kàng	辨 biàn	菌 jūn	孙 sūn	蹦 bèng	江 jiāng	迂 yū	某 mǒu	呈 chéng	号 hào
堵 dǔ	耳 ěr	镶 xiāng	裘 qiú	赋 fù	款 kuǎn	干 gàn	测 cè	岭 lǐng	葬 zàng
毒 dú	继 jì	爸 bà	舔 tiǎn	缀 zhuì	喘 chuǎn	赤 chì	哄 hǒng	钩 gōu	踩 cǎi
案 àn	命 mìng	帮 bāng	泣 qì	境 jìng	卡 kǎ	宾 bīn	絮 xù	布 bù	擦 cā
凹 āo	必 bì	吃 chī	灯 dēng	放 fàng	杂 zá	截 jié	韦 wéi	克 kè	梁 liáng
透 tòu	铝 lǚ	卷 juǎn	曲 qǔ	判 pàn	赎 shú	耐 nài	靴 xuē	迈 mài	列 liè

二、读多音节词语（100 个音节，限时 2.5 分钟，共 20 分）

栖息 qīxī	把儿 bàr	宰相 zǎixiàng	猜测 cāicè	绳子 shéng · zi
拉力 lālì	蘑菇 mó · gu	缓和 huǎnhé	抚摸 fǔmō	改道 gǎidào
传统 chuántǒng	崩溃 bēngkuì	小说儿 xiǎoshuōr	薪水 xīn · shui	减少 jiǎnshǎo
疲乏 pífá	人民 rénmín	移植 yízhí	给以 gěiyǐ	气节 qìjié
豁免 huòmiǎn	冷水 lěngshuǐ	计算机 jìsuànjī	奶粉 nǎifěn	敏锐 mǐnruì
深情 shēnqíng	灾难 zāinàn	往往 wǎngwǎng	哀愁 āichóu	抹布 mābù
成立 chénglì	份儿 fènr	压力 yālì	提倡 tíchàng	西北 xīběi
差错 chācuò	额定 édìng	发报 fābào	笼罩 lǒngzhào	胆固醇 dǎngùchún
过瘾 guòyǐn	海报 hǎibào	爬行 páxíng	此后 cǐhòu	不动声色 bùdòng-shēngsè
馅儿 xiànr	讥讽 jīfěng	卡车 kǎchē	小伙子 xiǎohuǒ · zi	

三、朗读短文（400 个音节，限时 4 分钟，共 30 分）

作品 52 号

四、命题说话（请在下列话题中任选一个，限时 3 分钟，共 40 分）

1. 我喜欢的季节（或天气）

2. 谈谈对环境保护的认识

试卷十

一、读单音节字词（100 个音节，限时 3.5 分钟，共 10 分）

佐 zuǒ	梭 suō	蜂 fēng	穆 mù	晕 yūn	违 wéi	菌 jūn	单 dān	誉 yù	蓄 xù
溯 sù	看 kàn	捅 tǒng	犬 quǎn	驮 tuó	跪 guì	瘟 wēn	辱 rǔ	幸 xìng	坪 píng
矢 shǐ	伍 wǔ	攻 gōng	刃 rèn	臀 tún	初 chū	窃 qiè	弥 mí	瀑 pù	锈 xiù
盲 máng	答 dá	掐 qiā	皿 mǐn	逊 xùn	尼 ní	路 lù	啮 niè	鸥 ōu	疲 pí
轮 lún	便 biàn	版 bǎn	猿 yuán	罄 qìng	笋 sǔn	屠 tú	朽 xiǔ	旨 zhǐ	刨 páo
卵 luǎn	快 kuài	聚 jù	赎 shú	攥 zuàn	肩 jiān	夫 fū	凑 còu	逗 dòu	荷 hé
丢 diū	舟 zhōu	道 dào	户 hù	二 èr	卒 zú	肥 féi	该 gāi	池 chí	裹 guǒ
村 cūn	德 dé	扯 chě	坏 huài	岛 dǎo	熬 áo	江 jiāng	叉 chā	粒 lì	标 biāo
顿 dùn	缀 zhuì	迂 yū	拐 guǎi	诏 zhào	恼 nǎo	彩 cǎi	基 jī	告 gào	不 bù
翻 fān	悦 yuè	媚 mèi	冰 bīng	毁 huǐ	钾 jiǎ	宽 kuān	鼻 bí	略 lüè	拿 ná

二、读多音节词语（100 个音节，限时 2.5 分钟，共 20 分）

倒霉 dǎoméi	蜕皮 tuìpí	这儿 zhèr	分寸 fēn · cun	顶端 dǐngduān
劳动日 láodòngrì	狍子 páo · zi	手软 shǒuruǎn	转脸 zhuǎnliǎn	道理 dào · lǐ
改组 gǎizǔ	草案 cǎo'àn	扭转 niǔzhuǎn	宝贝 bǎo · bèi	佣金 yòngjīn
渲染 xuànrǎn	杏儿 xìngr	涡流 wōliú	一块儿 yīkuàir	少女 shàonǚ
热量 rèliàng	借款 jièkuǎn	方法 fāngfǎ	民族 mínzú	编制 biānzhì
等候 děnghòu	乒乓球 pīngpāngqiú	巧妙 qiǎomiào	黄昏 huánghūn	蛋白 dànbái
技术员 jìshùyuán	颁布 bānbù	捕捉 bǔzhuō	客气 kè · qi	承受 chéngshòu
疙瘩 gē · da	老头儿 lǎotóur	诚实 chéng · shí	大概 dàgài	征收 zhēngshōu
花朵 huāduǒ	采购 cǎigòu	电脑 diànnǎo	综合 zōnghé	颗粒 kēlì
雨点儿 yǔdiǎnr	挫折 cuòzhé	江南 Jiāngnán	锦标赛 jǐnbiāosài	

三、朗读短文（400 个音节，限时 4 分钟，共 30 分）

作品 4 号

四、命题说话（请在下列话题中任选一个，限时 3 分钟，共 40 分）

1. 学习普通话的体会

2. 我和体育

试卷十一

一、读单音节字词（100 个音节，限时 3.5 分钟，共 10 分）

哀 āi	品 pǐn	疤 bā	皱 zhòu	笛 dí	碑 bēi	乏 fá	邪 xié	敬 jìng	策 cè
囤 tún	因 yīn	梨 lí	逮 dǎi	裁 cái	兰 lán	绸 chóu	吻 wěn	拾 shí	禅 chán
扼 è	纱 shā	帆 fān	咸 xián	柑 gān	或 huò	柜 guì	婶 shěn	唯 wéi	郝 hǎo
考 kǎo	熊 xióng	键 jiàn	肌 jī	赛 sài	羹 gēng	戳 chuō	夹 jiá	怒 nù	核 hé
可 kě	落 luò	丹 dān	裂 liè	梦 mèng	后 hòu	泵 bèng	晚 wǎn	闷 mèn	那 nà
仍 réng	困 kùn	钻 zuàn	怨 yuàn	昂 áng	说 shuō	爬 pá	开 kāi	寻 xún	脑 nǎo
若 ruò	洒 sǎ	换 huàn	饵 ěr	升 shēng	蚶 hān	七 qī	书 shū	剿 jiǎo	它 tā
吸 xī	雾 wù	拌 bàn	橙 chéng	挖 wā	糖 táng	债 zhài	然 rán	痰 tán	态 tài
夏 xià	捣 dǎo	吠 fèi	校 xiào	娘 niáng	餐 cān	棉 mián	依 yī	绣 xiù	演 yǎn
醉 zuì	巧 qiǎo	芽 yá	柏 bǎi	涨 zhǎng	土 tǔ	藻 zǎo	钱 qián	享 xiǎng	野 yě

二、读多音节词语（100 个音节，限时 2.5 分钟，共 20 分）

白色 báisè	拍摄 pāishè	加速度 jiāsùdù	农场 nóngchǎng	嗓门儿 sǎngménr
灯笼 dēng · long	挑剔 tiāo · ti	手榴弹 shǒuliúdàn	损耗 sǔnhào	把持 bǎchí
吼声 hǒushēng	起伏 qǐfú	眼睑 yǎnjiǎn	转眼 zhuǎnyǎn	爱国 àiguó
灯泡儿 dēngpàor	达到 dádào	悲哀 bēi'āi	那么 nà · me	超额 chāo'é
不足 bùzú	奥秘 àomì	硬币 yìngbì	京剧 jīngjù	当场 dāngchǎng
苍白 cāngbái	服务 fúwù	才能 cáinéng	改变 gǎibiàn	马车 mǎchē
柔和 róuhé	茶馆儿 cháguǎnr	发病 fābìng	着眼 zhuóyǎn	孔雀 kǒngquè
凄凉 qīliáng	办公室 bàngōngshì	哪儿 nǎr	病变 bìngbiàn	国防 guófáng
漫长 màncháng	辣椒 làjiāo	强大 qiángdà	然而 rán'ér	散射 sǎnshè
咖啡 kāfēi	大婶儿 dàshěnr	褒贬 bāobiǎn	压倒 yādǎo	

三、朗读短文（400 个音节，限时 4 分钟，共 30 分）

作品 59 号

四、命题说话（请在下列话题中任选一个，限时 3 分钟，共 40 分）

1. 谈谈服饰

2. 购物（消费）的感受

试卷十二

一、读单音节字词（100 个音节，限时 3.5 分钟，共 10 分）

佐 zuǒ	休 xiū	甩 shuǎi	频 pín	浓 nóng	谜 mí	剃 tì	渊 yuān	秦 Qín	肯 kěn
邮 yóu	屑 xiè	贪 tān	刷 shuā	扫 sǎo	且 qiě	区 qū	尿 niào	梅 méi	咳 ké
丙 bǐng	饭 fàn	祥 xiáng	汰 tài	树 shù	渍 zì	如 rú	槽 cáo	码 mǎ	曾 céng
赘 zhuì	膺 yīng	膝 xī	榻 tà	首 shǒu	察 chá	弃 qì	你 nǐ	乱 luàn	加 jiā
尹 yǐn	盯 dīng	侄 zhí	食 shí	任 rèn	踪 zōng	拽 zhuài	破 pò	律 lǜ	计 jì
湾 wān	噎 yē	肘 zhǒu	酥 sū	蛇 shé	惹 rě	傻 shǎ	耐 nài	奔 bēn	魂 hún
批 pī	衍 yǎn	思 sī	沈 Shěn	群 qún	蛙 wā	躲 duǒ	顺 shùn	龙 lóng	滚 gǔn
硕 shuò	褶 zhě	驮 tuó	东 dōng	剩 shèng	全 quán	捧 pěng	明 míng	磷 lín	够 gòu
逊 xùn	带 dài	母 mǔ	枣 zǎo	春 chūn	喷 pēn	扇 shàn	摆 bǎi	困 kùn	杆 gǎn
轻 qīng	戌 xū	童 tóng	爽 shuǎng	捏 niē	哉 zāi	泡 pào	棉 mián	哭 kū	伏 fú

二、读多音节词语（100 个音节，限时 2.5 分钟，共 20 分）

把握 bǎwò	铁蹄 tiětí	狼狈 lángbèi	记事儿 jìshìr	好感 hǎogǎn
蒸发 zhēngfā	属性 shǔxìng	蠢事 chǔnshì	主线 zhǔxiàn	太监 tài · jiàn
荡漾 dàngyàng	白天 báitiān	空想 kōngxiǎng	生殖 shēngzhí	赶场 gǎnchǎng
剔除 tīchú	传教士 chuánjiàoshì	水银 shuǐyín	栽培 zāipéi	烟囱 yāncōng
平常 píngcháng	尽早 jǐnzǎo	斟酌 zhēnzhuó	差别 chābié	把手 bǎ · shou
得罪 dézuì	宣布 xuānbù	捏造 niēzào	称呼 chēng · hu	小雪 xiǎoxuě
焚毁 fénhuǐ	骏马 jùnmǎ	差点儿 chàdiǎnr	携带 xiédài	电视剧 diànshìjù
刺猬 cì · wei	人影儿 rényǐngr	横向 héngxiàng	秸秆 jiēgǎn	概况 gàikuàng
威信 wēixìn	定额 dìng’é	秀气 xiù · qi	炊烟 chuīyān	具备 jùbèi
做法 zuò · fǎ	私人 sīrén	灯泡儿 dēngpàor	成本 chéngběn	

三、朗读短文（400 个音节，限时 4 分钟，共 30 分）

作品 43 号

四、命题说话（请在下列话题中任选一个，限时 3 分钟，共 40 分）

1. 我的假日生活

2. 我喜欢的节日

试卷十三

一、读单音节字词（100 个音节，限时 3.5 分钟，共 10 分）

矮 ǎi	答 dá	肝 gān	环 huán	靠 kào	淋 lín	库 kù	屈 qū	砷 shēn	乌 wū
巴 bā	袋 dài	港 gǎng	兮 xī	科 kē	六 liù	攀 pān	裙 qún	什 shí	荒 huāng
担 dān	瓣 bàn	各 gè	即 jí	怕 pà	骂 mà	跑 pǎo	扰 rǎo	撕 sī	峡 xiá
固 gù	扁 biǎn	刀 dāo	甲 jiǎ	狂 kuáng	猫 māo	盆 pén	韧 rèn	涎 xián	蒜 suàn
兼 jiān	不 bù	滴 dī	拐 guǎi	蜡 là	每 měi	票 piào	柔 róu	晓 xiǎo	泰 tài
州 zhōu	掉 diào	光 guāng	角 jiǎo	捞 lāo	民 mín	齐 qí	蕊 ruǐ	啼 tí	辛 xīn
蚕 cán	饿 è	黑 hēi	诈 zhà	愣 lèng	奶 nǎi	千 qiān	仨 sā	途 tú	檐 yán
层 céng	发 fā	寒 hán	九 jiǔ	理 lǐ	内 nèi	瞧 qiáo	桑 sāng	臀 tún	耀 yào
厂 chǎng	分 fēn	厚 hòu	聚 jù	量 liàng	拧 nǐng	请 qǐng	煞 shà	洼 wā	灾 zāi
冲 chōng	服 fú	沪 hù	砍 kǎn	列 liè	怒 nù	求 qiú	捎 shāo	腕 wàn	噪 zào

二、读多音节词语（100 个音节，限时 2.5 分钟，共 20 分）

乞讨 qǐtǎo	好奇 hàoqí	开办 kāibàn	一会儿 yīhuìr	苗圃 miáopǔ
国际 guójì	钳工 qiángōng	波长 bōcháng	侮辱 wǔrǔ	眨巴 zhǎ · ba
合同 hé · tóng	奶粉 nǎifěn	孔雀 kǒngquè	枪毙 qiāngbì	地板 dìbǎn
演讲 yǎnjiǎng	旦角儿 dànjuér	念白 niànbái	来回 láihuí	机车 jīchē
穷尽 qióngjìn	杂粮 záliáng	百年 bǎinián	由来 yóulái	粒子 lìzǐ
月饼 yuè · bing	偶像 ǒuxiàng	人丁 réndīng	垄断 lǒngduàn	都市 dūshì
笑话儿 xiào · huar	中级 zhōngjí	磅礴 pángbó	本地 běndì	实习 shíxí
紧凑 jǐncòu	发达 fādá	战败 zhànbài	把儿 bàr	弥补 míbǔ
拼音 pīnyīn	运载 yùnzài	琵琶 pí · pa	赶车 gǎnchē	军阀 jūnfá
名称 míngchēng	气喘 qìchuǎn	半导体 bàndǎotǐ	大公无私 dàgōng-wúsī	

三、朗读短文（400 个音节，限时 4 分钟，共 30 分）

作品 2 号

四、命题说话（请在下列话题中任选一个，限时 3 分钟，共 40 分）

1. 我知道的风俗

2. 谈谈社会公德（或职业道德）

试卷十四

一、读单音节字词（100 个音节，限时 3.5 分钟，共 10 分）

遵 zūn	蝇 yíng	梯 tī	撇 piě	摆 bǎi	到 dào	谷 gǔ	晋 jìn	驴 lǘ	垫 diàn
邑 yì	坛 tán	萍 píng	帮 bāng	叠 dié	籽 zǐ	刮 guā	久 jiǔ	笼 lóng	楚 chǔ
侍 shì	坯 pī	笨 bèn	爪 zhǎo	读 dú	硅 guī	阎 Yán	块 kuài	栏 lán	拨 bō
汛 xùn	枢 shū	趴 pā	壁 bì	队 duì	广 guǎng	烛 zhú	亏 kuī	据 jù	暗 àn
酿 niàng	嘘 xū	涩 sè	部 bù	炙 zhì	凡 fán	还 hái	款 kuǎn	决 jué	饮 yǐn
闰 rùn	眸 móu	踩 cǎi	方 fāng	合 hé	诊 zhěn	赖 lài	挟 xié	脚 jiǎo	役 yì
乐 lè	饷 xiǎng	绒 róng	闽 Mǐn	画 huà	抄 chāo	费 fèi	仄 zè	挥 huī	亚 yà
池 chí	瘟 wēn	擒 qín	幂 mì	崽 zǎi	奉 fèng	晃 huàng	立 lì	锅 guō	姓 xìng
腐 fǔ	皖 Wǎn	撬 qiào	昧 mèi	错 cuò	搁 gē	积 jī	垣 yuán	辆 liàng	盏 zhǎn
妥 tuǒ	榆 yú	迄 qì	螨 mǎn	单 dān	共 gòng	价 jià	令 lìng	顿 dùn	讲 jiǎng

二、读多音节词语（100 个音节，限时 2.5 分钟，共 20 分）

讨伐 tǎofá	舞蹈 wǔdǎo	材料 cáiliào	含量 hánliàng	韭菜 jiǔcài
麻醉 mázuì	踏步 tàbù	被子 bèi · zi	模特儿 mótèr	宇宙 yǔzhòu
挫折 cuòzhé	饥饿 jī' è	萌芽 méngyá	厅堂 tīngtáng	京剧 jīngjù
苍蝇 cāng · ying	选择 xuǎnzé	电池 diànchí	没准儿 méizhǔnr	男人 nánrén
挖潜 wāqián	党员 dǎngyuán	对称 duìchèn	葡萄糖 pú · taotáng	刊登 kāndēng
解渴 jiěkě	拍摄 pāishè	西医 xīyī	朋友 péng · you	甲板 jiǎbǎn
翻身 fānshēn	氨基酸 ānjīsuān	昆虫 kūnchóng	凄凉 qīliáng	厢房 xiāngfáng
风暴 fēngbào	冰川 bīngchuān	浪花 lànghuā	起草 qǐcǎo	燃烧 ránshāo
纳闷儿 nàmènr	压榨 yāzhà	紧迫 jǐnpò	不安 bù' ān	口哨儿 kǒushàor
干脆 gāncuì	陆地 lùdì	色彩 sècǎi	贮备 zhùbèi	

三、朗读短文（400 个音节，限时 4 分钟，共 30 分）

作品 58 号

四、命题说话（请在下列话题中任选一个，限时 3 分钟，共 40 分）

1. 我的家乡（或熟悉的地方）

2. 谈谈科技发展与社会生活

试卷十五

一、读单音节字词（100 个音节，限时 3.5 分钟，共 10 分）

左 zuǒ　月 yuè　伪 wěi　祖 zǔ　牛 niú　络 luò　距 jù　荤 hūn　缸 gāng　盗 dào
唬 hǔ　奏 zòu　绕 rào　缺 quē　年 nián　啐 cuì　境 jìng　甫 fǔ　滤 lǜ　团 tuán
金 jīn　隐 yǐn　突 tū　涌 yǒng　纳 nà　略 lüè　葱 cōng　禾 hé　讽 fěng　渠 qú
南 nán　字 zì　醇 chún　遣 qiǎn　似 sì　搂 lǒu　截 jié　焊 hàn　沸 fèi　押 yā
棍 gùn　主 zhǔ　气 qì　削 xuē　田 tián　叫 jiào　流 liú　储 chǔ　贩 fàn　墓 mù
了 liǎo　砖 zhuān　兄 xiōng　睡 shuì　箔 bó　某 mǒu　将 jiāng　龟 guī　腭 è　铺 pū
诗 shī　破 pò　例 lì　鞋 xié　睬 cǎi　膜 mó　剑 jiàn　勾 gōu　垛 duǒ　纸 zhǐ
灭 miè　藻 zǎo　梗 gěng　校 xiào　上 shàng　扣 kòu　家 jiā　片 piàn　犊 dú　针 zhēn
佃 diàn　瘪 biě　入 rù　匹 pǐ　蒙 méng　匾 biǎn　空 kōng　己 jǐ　革 gé　线 xiàn
云 yún　物 wù　排 pái　掰 bāi　肯 kěn　染 rǎn　货 huò　糕 gāo　笛 dí　忙 máng

二、读多音节词语（100 个音节，限时 2.5 分钟，共 20 分）

委婉 wěiwǎn　猕猴 míhóu　钢笔 gāngbǐ　大伙儿 dàhuǒr　期待 qīdài
压力 yālì　耗费 hàofèi　垂钓 chuídiào　舞曲 wǔqǔ　讥笑 jīxiào
热量 rèliàng　琢磨 zuó · mo　杂质 zázhì　坚强 jiānqiáng　铁索 tiěsuǒ
渺茫 miǎománg　炸弹 zhàdàn　靠近 kàojìn　哀悼 āidào　丧失 sàngshī
课本 kèběn　转瞬 zhuǎnshùn　体察 tǐchá　黄澄澄 huángdēngdēng　雷达 léidá
伤害 shānghài　辩护 biànhù　楼房 lóufáng　小菜 xiǎocài　合群儿 héqúnr
仇敌 chóudí　慢性 mànxìng　太阳 tài · yáng　代谢 dàixiè　秘书 mìshū
帮手 bāng · shou　当晚 dàngwǎn　内部 nèibù　王朝 wángcháo　雨点儿 yǔdiǎnr
繁多 fánduō　农场 nóngchǎng　防备 fángbèi　脖颈儿 bógěngr　膨胀 péngzhàng
高潮 gāocháo　吸附 xīfù　核桃 hé · tao　判决书 pànjuéshū

三、朗读短文（400 个音节，限时 4 分钟，共 30 分）

作品 38 号

四、命题说话（请在下列话题中任选一个，限时 3 分钟，共 40 分）

1. 我所在的集体（学校、机关、公司等）

2. 我喜欢的明星（或其他知名人士）

试卷十六

一、读单音节字词（100 个音节，限时 3.5 分钟，共 10 分）

欧 ōu	咏 yǒng	啼 tí	表 biǎo	坑 kēng	钙 gài	寄 jì	日 rì	叠 dié	攥 zuàn
渍 zì	涛 tāo	拟 nǐ	让 ràng	妆 zhuāng	簇 cù	活 huó	痒 yǎng	赋 fù	颗 kē
循 xún	拳 quán	摆 bǎi	婚 hūn	伴 bàn	开 kāi	粉 fěn	塌 tā	凑 còu	木 mù
峰 fēng	均 jūn	饲 sì	绪 xù	宝 bǎo	蜜 mì	滑 huá	拽 zhuài	幢 zhuàng	驱 qū
闷 mèn	腥 xīng	栓 shuān	臂 bì	陈 chén	卷 juǎn	放 fàng	蛀 zhù	胡 hú	起 qǐ
恕 shù	湘 xiāng	录 lù	倾 qīng	具 jù	拆 chāi	岭 lǐng	郭 guō	尔 ěr	择 zé
归 guī	伍 wǔ	拭 shì	冲 chōng	颈 jǐng	中 zhōng	枣 zǎo	恩 ēn	草 cǎo	前 qián
阅 yuè	苇 wěi	卅 sà	舱 cāng	瓶 píng	借 jiè	惯 guàn	礼 lǐ	额 é	辞 cí
丸 wán	瑟 sè	搅 jiǎo	抛 pāo	牢 láo	浴 yù	股 gǔ	端 duān	步 bù	俩 liǎ
口 kǒu	釉 yòu	捅 tǒng	碰 pèng	肉 ròu	狗 gǒu	懂 dǒng	碱 jiǎn	病 bìng	摇 yáo

二、读多音节词语（100 个音节，限时 2.5 分钟，共 20 分）

讨好 tǎohǎo	陀螺 tuóluó	鼻梁儿 bíliángr	答复 dá · fù	蒲扇 púshàn
汉奸 hànjiān	客厅 kètīng	讴歌 ōugē	饮水 yǐnshuǐ	仙鹤 xiānhè
群岛 qúndǎo	戏法儿 xìfǎr	劳动 láodòng	后代 hòudài	农耕 nónggēng
天窗 tiānchuāng	审理 shěnlǐ	稀罕 xī · han	恶化 èhuà	机械 jīxiè
烈士 lièshì	总称 zǒngchēng	私产 sīchǎn	模板 múbǎn	粮食 liáng · shi
罚款 fákuǎn	建国 jiànguó	忙碌 mánglù	已然 yǐrán	颁布 bānbù
眼镜儿 yǎnjìngr	疯狂 fēngkuáng	概括 gàikuò	惊醒 jīngxǐng	南极 nánjí
暖和 nuǎn · huo	蹂躏 róulìn	享福 xiǎngfú	财政 cáizhèng	倏然 shūrán
决策 juécè	跳跃 tiàoyuè	伪造 wěizào	地下水 dìxiàshuǐ	差别 chābié
这儿 zhèr	规律 guīlǜ	开垦 kāikěn	急中生智 jízhōng-shēngzhì	

三、朗读短文（400 个音节，限时 4 分钟，共 30 分）

作品 26 号

四、命题说话（请在下列话题中任选一个，限时 3 分钟，共 40 分）

1. 谈谈美食
2. 我的假日生活

试卷十七

一、读单音节字词（100 个音节，限时 3.5 分钟，共 10 分）

川 chuān	格 gé	击 jī	忆 yì	安 ān	逆 nì	虽 suī	任 rèn	辖 xiá	淋 lín
剪 jiǎn	淡 dàn	另 lìng	岳 yuè	背 bèi	仍 réng	更 gèng	炭 tàn	掀 xiān	念 niàn
变 biàn	瘤 liú	稻 dào	皆 jiē	您 nín	肖 Xiāo	乳 rǔ	抗 kàng	舔 tiǎn	攒 zǎn
伞 sǎn	茎 jīng	豆 dòu	跑 pǎo	害 hài	馆 guǎn	瞪 dèng	屯 tún	凿 záo	楔 xiē
材 cái	斩 zhǎn	过 guò	拱 gǒng	脉 mài	雕 diāo	杀 shā	拓 tuò	玄 xuán	皮 pí
袜 wà	缕 lǚ	冒 mào	培 péi	跨 kuà	补 bǔ	捎 shāo	残 cán	逊 xùn	褶 zhě
雅 yǎ	操 cāo	旱 hàn	松 sōng	旨 zhǐ	夺 duó	卡 kǎ	谁 shuí	蔓 màn	猛 měng
堰 yàn	长 zhǎng	危 wēi	范 fàn	捞 lāo	鸣 míng	墙 qiáng	核 hé	时 shí	泪 lèi
肥 féi	话 huà	悟 wù	稚 zhì	抹 mǒ	兹 zī	兰 lán	青 qīng	邀 yāo	承 chéng
佛 fó	遵 zūn	黄 huáng	闹 nào	算 suàn	穷 qióng	抽 chōu	冶 yě	昔 xī	利 lì

二、读多音节词语（100 个音节，限时 2.5 分钟，共 20 分）

繁殖 fánzhí	嘱托 zhǔtuō	包装 bāozhuāng	皇帝 huángdì	棉球儿 miánqiúr
联想 liánxiǎng	凭借 píngjiè	标题 biāotí	哑剧 yǎjù	加塞儿 jiāsāir
风景 fēngjǐng	皱纹 zhòuwén	绿化 lǜhuà	期限 qīxiàn	土产 tǔchǎn
超越 chāoyuè	窑洞 yáodòng	棒槌 bàng · chui	尖锐 jiānruì	毛病 máo · bìng
悄悄 qiāoqiāo	热爱 rè' ài	水獭 shuǐtǎ	红火 hóng · huo	进程 jìnchéng
民间 mínjiān	根据地 gēnjùdì	粗糙 cūcāo	嗓音 sǎngyīn	坎肩儿 kǎnjiānr
大队 dàduì	官僚 guānliáo	刻苦 kèkǔ	凝固 nínggù	认定 rèndìng
称呼 chēng · hu	启程 qǐchéng	对象 duìxiàng	棕榈 zōnglǘ	快速 kuàisù
内涵 nèihán	视野 shìyě	巡逻 xúnluó	黑人 hēirén	领取 lǐngqǔ
落款儿 luòkuǎnr	乐观 lèguān	配置 pèizhì	牛仔裤 niúzǎikù	

三、朗读短文（400 个音节，限时 4 分钟，共 30 分）

作品 36 号

四、命题说话（请在下列话题中任选一个，限时 3 分钟，共 40 分）

1. 谈谈个人修养

2. 我的朋友

试卷十八

一、读单音节字词（100 个音节，限时 3.5 分钟，共 10 分）

岸 àn	搭 dā	遂 suì	咯 kǎ	擂 lèi	牧 mù	怪 guài	入 rù	显 xiǎn	汁 zhī
代 dài	揩 kāi	振 zhèn	象 xiàng	倪 ní	班 bān	耗 hào	日 rì	踢 tī	棱 léng
辈 bèi	乎 hū	周 zhōu	条 tiáo	碾 niǎn	德 dé	鲤 lǐ	熔 róng	邪 xié	坎 kǎn
敛 liǎn	彼 bǐ	认 rèn	定 dìng	肿 zhǒng	投 tóu	控 kòng	裴 Péi	盐 yán	绘 huì
僧 sēng	遍 biàn	资 zī	季 jì	盔 kuī	癖 pǐ	峦 luán	图 tú	秧 yāng	抖 dǒu
肺 fèi	饼 bǐng	括 kuò	走 zǒu	一 yī	频 pín	鳃 sāi	假 jiǎ	土 tǔ	蟒 mǎng
彩 cǎi	较 jiào	腊 là	否 fǒu	矛 máo	足 zú	少 shǎo	硬 yìng	完 wán	剖 pōu
媚 mèi	缝 féng	界 jiè	篮 lán	做 zuò	育 yù	藏 cáng	闻 wén	生 shēng	沏 qī
炒 chǎo	耕 gēng	郎 láng	萌 méng	井 jǐng	守 shǒu	务 wù	鞘 qiào	约 yuē	姓 xìng
管 guǎn	庆 qìng	居 jū	勒 lè	蔑 miè	翅 chì	思 sī	盏 zhǎn	习 xí	靳 jìn

二、读多音节词语（100 个音节，限时 2.5 分钟，共 20 分）

扫帚 sào · zhou	凯旋 kǎixuán	后悔 hòuhuǐ	严禁 yánjìn	火锅儿 huǒguōr
草案 cǎo’ àn	旅馆 lǚguǎn	小米 xiǎomǐ	胸膛 xiōngtáng	尝试 chángshì
精神 jīng · shen	胆量 dǎnliàng	畸形 jīxíng	偶然 ǒurán	屋脊 wūjǐ
药方儿 yàofāngr	累赘 léi · zhui	大风 dàfēng	有理 yǒulǐ	加剧 jiājù
奴役 núyì	首脑 shǒunǎo	妥当 tuǒ · dàng	帽子 mào · zi	东方 dōngfāng
维生素 wéishēngsù	经验 jīngyàn	排斥 páichì	脸颊 liǎnjiá	完备 wánbèi
沸腾 fèiténg	冒尖儿 màojiānr	报纸 bàozhǐ	刻度 kèdù	清晨 qīngchén
雌蕊 círuǐ	瞻仰 zhānyǎng	满月 mǎnyuè	不要 bùyào	妇女 fùnǚ
昆虫 kūnchóng	硝酸 xiāosuān	门槛儿 ménkǎnr	京城 jīngchéng	残余 cányú
革新 géxīn	油条 yóutiáo	良好 liánghǎo	林荫道 línyīndào	

三、朗读短文（400 个音节，限时 4 分钟，共 30 分）

作品 14 号

四、命题说话（请在下列话题中任选一个，限时 3 分钟，共 40 分）

1. 我的业余生活
2. 我喜欢的节日

试卷十九

一、读单音节字词（100 个音节，限时 3.5 分钟，共 10 分）

碍 ài	杈 chā	筏 fá	喊 hǎn	坑 kēng	炮 pào	深 shēn	贴 tiē	像 xiàng	扎 zhā
昌 chāng	坟 fén	袄 ǎo	盒 hé	立 lì	赃 zāng	圣 shèng	血 xuè	甜 tián	脾 pí
斑 bān	红 hóng	凤 fèng	亮 liàng	盏 zhǎn	澈 chè	铜 tóng	师 shī	兴 xìng	骗 piàn
漏 lòu	缚 fù	患 huàn	斥 chì	钡 bèi	屏 píng	书 shū	这 zhè	学 xué	脱 tuō
踹 chuài	整 zhěng	货 huò	柳 liǔ	迸 bèng	髓 suǐ	奇 qí	扬 yáng	瓦 wǎ	赣 Gàn
牵 qiān	镐 gǎo	鸡 jī	捶 chuí	轮 lún	弊 bì	制 zhì	所 suǒ	王 wáng	也 yě
膘 biāo	膈 gé	米 mǐ	捡 jiǎn	撞 zhuàng	掸 dǎn	斯 sī	衣 yī	握 wò	切 qiē
苗 miáo	滇 Diān	胶 jiāo	醉 zuì	塔 tǎ	禀 bǐng	耿 gěng	银 yín	武 wǔ	秋 qiū
尤 yóu	柜 guì	津 jīn	取 qǔ	磨 mó	蝶 dié	掏 tāo	瞎 xiā	钵 bō	削 xuē
兑 duì	孤 gū	群 qún	具 jù	弄 nòng	远 yuǎn	疼 téng	餐 cān	险 xiǎn	略 lüè

二、读多音节词语（100 个音节，限时 2.5 分钟，共 20 分）

岛屿 dǎoyǔ	步履 bùlǚ	增高 zēnggāo	簸箕 bò · ji	层次 céngcì
机构 jīgòu	勋章 xūnzhāng	安定 āndìng	纺织 fǎngzhī	找茬儿 zhǎochár
幼苗 yòumiáo	撤销 chèxiāo	滋补 zībǔ	汹涌 xiōngyǒng	性质 xìngzhì
章程 zhāngchéng	火柴 huǒchái	存款 cúnkuǎn	风筝 fēng · zheng	座谈 zuòtán
新婚 xīnhūn	解剖 jiěpōu	律师 lǜshī	值班 zhíbān	儿女 érnǚ
珠宝 zhūbǎo	脑瓜儿 nǎoguār	提成 tíchéng	蒸汽 zhēngqì	剧本 jùběn
嘟囔 dū · nang	自治区 zìzhìqū	父母 fùmǔ	考古 kǎogǔ	偷懒 tōulǎn
请求 qǐngqiú	人缘儿 rényuánr	衡量 héngliáng	代替 dàitì	函数 hánshù
预感 yùgǎn	撒谎 sāhuǎng	草本 cǎoběn	样式 yàngshì	奏鸣曲 zòumíngqǔ
饭盒儿 fànhér	宏伟 hóngwěi	引擎 yǐnqíng	烹饪 pēngrèn	

三、朗读短文（400 个音节，限时 4 分钟，共 30 分）

作品 54 号

四、命题说话（请在下列话题中任选一个，限时 3 分钟，共 40 分）

1. 我向往的地方

2. 我的愿望（或理想）

试卷二十

一、读单音节字词（100 个音节，限时 3.5 分钟，共 10 分）

熬 áo　碗 wǎn　荒 huāng　列 liè　艘 sōu　谱 pǔ　渡 dù　兆 zhào　芯 xīn　豪 háo
锋 fēng　辑 jí　会 huì　砌 qì　吹 chuī　臻 zhēn　惟 wéi　炉 lú　械 xiè　索 suǒ
散 sàn　表 biǎo　腱 jiàn　届 jiè　趾 zhǐ　欠 qiàn　伏 fú　屋 wū　迅 xùn　满 mǎn
奶 nǎi　包 bāo　谨 jǐn　席 xí　家 jiā　求 qiú　燕 yàn　刚 gāng　卒 zú　她 tā
液 yè　嚷 rǎng　某 mǒu　痰 tán　菜 cài　调 tiáo　虾 xiā　兹 zī　隔 gé　筏 fá
夷 yí　城 chéng　讽 fěng　迷 mí　晒 shài　改 gǎi　仙 xiān　特 tè　瓢 piáo　局 jú
泥 ní　闭 bì　公 gōng　泄 xiè　科 kē　若 ruò　策 cè　体 tǐ　淫 yín　羔 gāo
贵 guì　丑 chǒu　愣 lèng　暖 nuǎn　热 rè　箱 xiāng　仅 jǐn　岔 chà　攒 zǎn　寇 kòu
偷 tōu　倒 dǎo　评 píng　裹 guǒ　肾 shèn　醒 xǐng　料 liào　铲 chǎn　噪 zào　冷 lěng
洞 dòng　量 liàng　泽 zé　盼 pàn　吐 tǔ　候 hòu　宿 sù　踹 chuài　是 shì　摹 mó

二、读多音节词语（100 个音节，限时 2.5 分钟，共 20 分）

最终 zuìzhōng　花纹 huāwén　喇叭 lǎ · ba　胆小鬼 dǎnxiǎoguǐ　神奇 shénqí
或许 huòxǔ　歌颂 gēsòng　反感 fǎngǎn　凝聚 níngjù　出圈儿 chūquānr
位置 wèi · zhi　盘算 pán · suan　双方 shuāngfāng　复辟 fùbì　哽咽 gěngyè
女人 nǚrén　万物 wànwù　烟卷儿 yānjuǎnr　防御 fángyù　日趋 rìqū
中华 zhōnghuá　姊妹 zǐmèi　缓解 huǎnjiě　冒险 màoxiǎn　同伴 tóngbàn
人间 rénjiān　枝条 zhītiáo　斗争 dòuzhēng　矫健 jiǎojiàn　摸索 mō · suǒ
骄傲 jiāo'ào　应酬 yìng · chou　弹簧 tánhuáng　代价 dàijià　其次 qícì
领略 lǐnglüè　拉链儿 lāliànr　觉察 juéchá　墙壁 qiángbì　俗称 súchēng
看望 kànwàng　崇拜 chóngbài　拟人 nǐrén　规模 guīmó　剖面 pōumiàn
散步 sànbù　科研 kēyán　小熊儿 xiǎoxióngr　南半球 nánbànqiú

三、朗读短文（400 个音节，限时 4 分钟，共 30 分）

作品 41 号

四、命题说话（请在下列话题中任选一个，限时 3 分钟，共 40 分）

1. 我和体育
2. 童年的记忆

试卷二十一

一、读单音节字词（100 个音节，限时 3.5 分钟，共 10 分）

叼 diāo	喙 huì	挤 jǐ	冒 mào	素 sù	扳 bān	洋 yáng	敢 gǎn	遭 zāo	前 qián
鼎 dǐng	梅 méi	勤 qín	态 tài	假 jiǎ	贼 zéi	乙 yǐ	告 gào	饼 bǐng	戟 jǐ
瘪 biě	阀 fá	雨 yǔ	免 miǎn	绕 rào	退 tuì	椒 jiāo	挂 guà	窜 cuàn	乃 nǎi
苍 cāng	倔 juè	管 guǎn	戒 jiè	甜 tián	辅 fǔ	净 jìng	暂 zàn	柴 chái	瑞 ruì
愤 fèn	可 kě	熔 róng	念 niàn	外 wài	阵 zhèn	春 chōng	滚 gǔn	丢 diū	坑 kēng
滞 zhì	秆 gǎn	捏 niē	扫 sǎo	握 wò	好 hǎo	锉 cuò	递 dì	酷 kù	捐 juān
牌 pái	醋 cù	葛 Gě	身 shēn	况 kuàng	味 wèi	冻 dòng	捉 zhuō	乎 hū	落 luò
率 lǜ	惩 chéng	贡 gòng	敞 chǎng	钻 zuàn	凉 liáng	锡 xī	怀 huái	饭 fàn	颇 pō
谱 pǔ	腊 là	罕 hǎn	腺 xiàn	厘 lí	司 sī	火 huǒ	紫 zǐ	非 fēi	禄 lù
褐 hè	器 qì	卵 luǎn	数 shù	抖 dǒu	穴 xué	恒 héng	整 zhěng	分 fēn	蒙 méng

二、读多音节词语（100 个音节，限时 2.5 分钟，共 20 分）

赶紧 gǎnjǐn	爱情 àiqíng	火锅儿 huǒguōr	纠纷 jiūfēn	存在 cúnzài
让步 ràngbù	绦虫 tāochóng	安静 ānjìng	减少 jiǎnshǎo	吞没 tūnmò
离开 líkāi	媳妇 xí · fu	锐利 ruìlì	逮捕 dàibǔ	订货 dìnghuò
钢镚儿 gāngbèngr	流露 liúlù	文坛 wéntán	赛场 sàichǎng	可以 kěyǐ
边疆 biānjiāng	普通 pǔtōng	包括 bāokuò	发芽 fāyá	难免 nánmiǎn
壶盖儿 húgàir	色情 sèqíng	外套 wàitào	残酷 cánkù	取消 qǔxiāo
范畴 fànchóu	窟窿 kū · long	囊括 nángkuò	深奥 shēn'ào	叙事 xùshì
损害 sǔnhài	勾结 gōujié	车厢 chēxiāng	摸黑儿 mōhēir	庞大 pángdà
睡梦 shuìmèng	佣金 yòngjīn	黄昏 huánghūn	演绎 yǎnyì	高血压 gāoxuèyā
抽象 chōuxiàng	松鼠 sōngshǔ	媒人 méi · ren	蒸馏水 zhēngliúshuǐ	

三、朗读短文（400 个音节，限时 4 分钟，共 30 分）

作品 16 号

四、命题说话（请在下列话题中任选一个，限时 3 分钟，共 40 分）

1. 我喜爱的书刊

2. 我的学习生活

试卷二十二

一、读单音节字词（100 个音节，限时 3.5 分钟，共 10 分）

大 dà	开 kāi	莫 mò	宫 gōng	氨 ān	祈 qí	医 yī	石 shí	歪 wāi	走 zǒu
保 bǎo	国 guó	拴 shuān	枯 kū	嘴 zuǐ	掐 qiā	带 dài	印 yìn	为 wéi	帽 mào
娜 nà	杜 dù	黔 Qián	海 hǎi	柯 kē	苯 běn	元 yuán	宋 Sòng	卧 wò	艾 ài
编 biān	何 hé	锰 měng	溃 kuì	敌 dí	孙 sūn	锹 qiāo	捂 wǔ	粤 Yuè	榜 bǎng
财 cái	厚 hòu	拓 tuò	崩 bēng	卿 qīng	发 fā	西 xī	酿 niàng	摘 zhāi	辣 là
霞 xiá	驳 bó	换 huàn	揽 lǎn	蚕 cán	奴 nú	暂 zàn	让 ràng	钛 tài	奋 fèn
佛 fó	吏 lì	几 jǐ	人 rén	袍 páo	梯 tī	霰 xiàn	厂 chǎng	贼 zéi	颤 chàn
听 tīng	尘 chén	孵 fū	麓 lù	辟 pì	讲 jiǎng	锄 chú	赵 Zhào	土 tǔ	闰 rùn
慈 cí	闷 mèn	肢 zhī	村 cūn	圃 pǔ	幸 xìng	搔 sāo	盖 gài	旬 xún	截 jié
吃 chī	干 gàn	句 jù	轴 zhóu	密 mì	设 shè	挖 wā	坡 pō	阳 yáng	兑 duì

二、读多音节词语（100 个音节，限时 2.5 分钟，共 20 分）

总管 zǒngguǎn	毕生 bìshēng	失去 shīqù	梨核儿 líhúr	肩膀 jiānbǎng
烦恼 fánnǎo	难题 nántí	干脆 gāncuì	体检 tǐjiǎn	学问 xué · wen
内心 nèixīn	兵力 bīnglì	刻画 kèhuà	驰名 chímíng	尝试 chángshì
脑瓜儿 nǎoguār	咆哮 páoxiào	使馆 shǐguǎn	力图 lìtú	归纳 guīnà
佩服 pèi · fú	起诉 qǐsù	咳嗽 ké · sou	扑克 pūkè	促成 cùchéng
行列 hángliè	菩萨 pú · sà	辽阔 liáokuò	栅栏 zhà · lan	大豆 dàdòu
打盹儿 dǎdǔnr	酒吧 jiǔbā	忽略 hūlüè	轮流 lúnliú	迁移 qiānyí
逾期 yúqī	曲线 qūxiàn	机械 jīxiè	茫然 mángrán	漂白粉 piǎobáifěn
入境 rùjìng	毒素 dúsù	发言 fāyán	彩虹 cǎihóng	变压器 biànyāqì
交往 jiāowǎng	摩擦 mócā	粉末儿 fěnmòr	儒家 Rújiā	

三、朗读短文（400 个音节，限时 4 分钟，共 30 分）

作品 9 号

四、命题说话（请在下列话题中任选一个，限时 3 分钟，共 40 分）

1. 我知道的风俗

2. 难忘的旅行

试卷二十三

一、读单音节字词（100 个音节，限时 3.5 分钟，共 10 分）

庵 ān	覆 fù	冷 lěng	盛 shèng	征 zhēng	遣 qiǎn	戳 chuō	游 yóu	玩 wán	资 zī
搓 cuō	鳌 áo	钻 zuàn	岗 gǎng	情 qíng	氏 shì	砸 zá	未 wèi	您 nín	攫 jué
字 zì	疤 bā	贷 dài	阁 gé	圈 quān	那 nà	兽 shòu	则 zé	误 wù	炕 kàng
水 shuǐ	蚌 bàng	弄 nòng	丹 dān	罐 guàn	孔 kǒng	再 zài	确 què	系 xì	都 dōu
豹 bào	哈 hā	染 rǎn	困 kùn	肘 zhǒu	暖 nuǎn	钓 diào	丝 sī	嫌 xián	桂 guì
碟 dié	壕 háo	碎 suì	客 kè	跑 pǎo	簿 bù	荣 róng	朝 cháo	享 xiǎng	辈 bèi
惨 cǎn	糊 hú	探 tàn	拉 lā	批 pī	踱 duó	汁 zhī	日 rì	徐 xú	鞭 biān
饵 ěr	桦 huà	礼 lǐ	蹭 cèng	票 piào	众 zhòng	唐 táng	验 yàn	撒 sǎ	川 chuān
茬 chá	姬 jī	阀 fá	煮 zhǔ	屏 píng	页 yè	色 sè	贴 tiē	亮 liàng	错 cuò
妃 fēi	筒 tǒng	荚 jiá	其 qí	衬 chèn	商 shāng	龄 líng	准 zhǔn	仪 yí	型 xíng

二、读多音节词语（100 个音节，限时 2.5 分钟，共 20 分）

丝绸 sīchóu	倘使 tǎngshǐ	油脂 yóuzhī	爱人 ài · ren	台阶 táijiē
排除 páichú	淋巴 línbā	打点 dǎ · dian	香蕉 xiāngjiāo	美酒 měijiǔ
征兆 zhēngzhào	庶民 shùmín	平行 píngxíng	扩张 kuòzhāng	烤火 kǎohuǒ
石子儿 shízǐr	短促 duǎncù	勘探 kāntàn	散落 sànluò	牛顿 niúdùn
寻常 xúncháng	解救 jiějiù	啧啧 zézé	亵渎 xièdú	柔软 róuruǎn
哪儿 nǎr	能源 néngyuán	进化 jìnhuà	家具 jiājù	认真 rènzhēn
问卷 wènjuàn	提成儿 tíchéngr	耳朵 ěr · duo	目光 mùguāng	蚱蜢 zhàměng
宠爱 chǒng'ài	叶绿素 yèlǜsù	灾情 zāiqíng	妄想 wàngxiǎng	没有 méi · yǒu
墙壁 qiángbì	辉煌 huīhuáng	笼络 lǒngluò	痛哭 tòngkū	元宵 yuánxiāo
契约 qìyuē	毛驴儿 máolǘr	陆军 lùjūn	慢条斯理 màntiáo-sīlǐ	

三、朗读短文（400 个音节，限时 4 分钟，共 30 分）

作品 49 号

四、命题说话（请在下列话题中任选一个，限时 3 分钟，共 40 分）

1. 我喜爱的职业

2. 我喜爱的动物（或植物）

试卷二十四

一、读单音节字词（100 个音节，限时 3.5 分钟，共 10 分）

惠 huì	雪 xuě	片 piàn	誓 shì	鸭 yā	臭 chòu	磕 kē	妇 fù	贾 Jiǎ	绵 mián
尊 zūn	明 míng	涂 tú	耸 sǒng	推 tuī	潘 Pān	惑 huò	叩 kòu	翻 fān	秤 chèng
摞 luò	太 tài	仍 réng	虚 xū	唇 chún	缓 huǎn	纵 zòng	糠 kāng	法 fǎ	棚 péng
刊 kān	条 tiáo	雄 xióng	仓 cāng	着 zháo	胖 pàng	抡 lūn	饿 è	河 hé	肉 ròu
菊 jú	草 cǎo	惹 rě	段 duàn	聂 Niè	掠 lüè	智 zhì	恨 hèn	锁 suǒ	信 xìn
郑 Zhèng	群 qún	闹 nào	蔫 niān	消 xiāo	颅 lú	迭 dié	窘 jiǒng	滑 huá	堡 bǎo
俗 sú	灶 zào	顺 shùn	泉 quán	相 xiāng	聊 liáo	逛 guàng	灸 jiǔ	屋 wū	滚 gǔn
髓 suǐ	莲 lián	秋 qiū	柏 bǎi	域 yù	襟 jīn	吊 diào	牧 mù	店 diàn	卑 bēi
阴 yīn	望 wàng	疏 shū	癞 lài	侵 qīn	默 mò	德 dé	捷 jié	关 guān	泵 bèng
娶 qǔ	哨 shào	蚁 yǐ	憋 biē	窟 kū	为 wéi	嘴 zuǐ	窖 jiào	光 guāng	赐 cì

二、读多音节词语（100 个音节，限时 2.5 分钟，共 20 分）

偶像 ǒuxiàng	小儿 xiǎo'ér	混凝土 hùnníngtǔ	参展 cānzhǎn	脊梁 jǐ · liáng
宪法 xiànfǎ	频繁 pínfán	笼统 lǒngtǒng	伴随 bànsuí	恢复 huīfù
小孩儿 xiǎoháir	乘法 chéngfǎ	羊毛 yángmáo	桥梁 qiáoliáng	人事 rénshì
板擦儿 bǎncār	灿烂 cànlàn	支撑 zhīchēng	造型 zàoxíng	抵挡 dǐdǎng
寄托 jìtuō	石榴 shí · liu	小姐 xiǎojiě	低微 dīwēi	玳瑁 dàimào
空白 kòngbái	僧侣 sēnglǚ	乘客 chéngkè	海拔 hǎibá	淀粉 diànfěn
牲口 shēng · kou	白皙 báixī	列举 lièjǔ	慎重 shènzhòng	呼啸 hūxiào
骨骼 gǔgé	恶劣 èliè	魅力 mèilì	陶冶 táoyě	果冻儿 guǒdòngr
便秘 biànmì	飞碟 fēidié	死亡 sǐwáng	方针 fāngzhēn	宁静 níngjìng
维修 wéixiū	菠萝 bōluó	瓜子儿 guāzǐr	体育馆 tǐyùguǎn	

三、朗读短文（400 个音节，限时 4 分钟，共 30 分）

作品 28 号

四、命题说话（请在下列话题中任选一个，限时 3 分钟，共 40 分）

1. 我尊敬的人
2. 我喜欢的季节（或天气）

试卷二十五

一、读单音节字词（100 个音节，限时 3.5 分钟，共 10 分）

兹 zī	轧 zhá	唾 tuò	工 gōng	旁 páng	铝 lǚ	间 jiān	沟 gōu	存 cún	肠 cháng
薰 xūn	佟 Tóng	触 chù	任 rèn	牌 pái	揍 zòu	架 jià	词 cí	若 ruò	露 lù
拙 zhuō	靴 xuē	盖 gài	淌 tǎng	怒 nù	然 rán	林 lín	获 huò	尺 chǐ	读 dú
清 qīng	斋 zhāi	拧 nǐng	宣 xuān	啼 tí	狼 láng	虫 chóng	黑 hēi	福 fú	疯 fēng
笋 sǔn	偕 xié	咂 zā	你 nǐ	壳 ké	虎 hǔ	筐 kuāng	潮 cháo	匪 fěi	高 gāo
军 jūn	掷 zhì	寒 hán	颂 sòng	前 qián	镶 xiāng	哪 nǎ	侧 cè	对 duì	红 hóng
援 yuán	巫 wū	谋 móu	奇 qí	举 jǔ	观 guān	盯 dīng	嗣 sì	补 bǔ	皆 jiē
瓮 wèng	舜 Shùn	秒 miǎo	扑 pū	俞 yú	等 děng	泪 lèi	病 bìng	点 diǎn	鲸 jīng
街 jiē	蛹 yǒng	饰 shì	维 wéi	饱 bǎo	过 guò	品 pǐn	麦 mài	挂 guà	煤 méi
腮 sāi	湾 wān	伊 yī	脾 pí	杯 bēi	乱 luàn	鼓 gǔ	搅 jiǎo	但 dàn	身 shēn

二、读多音节词语（100 个音节，限时 2.5 分钟，共 20 分）

饱和 bǎohé	毛巾 máojīn	快板儿 kuàibǎnr	危险 wēixiǎn	背叛 bèipàn
缝纫 féngrèn	浓厚 nónghòu	财主 cái · zhu	储存 chǔcún	年轻 niánqīng
西瓜 xī · guā	不计其数 bùjì-qíshù	跟踪 gēnzōng	平等 píngděng	典型 diǎnxíng
牙签儿 yáqiānr	判决 pànjué	音调 yīndiào	惭愧 cánkuì	汗水 hànshuǐ
轻易 qīngyì	法则 fǎzé	区域 qūyù	责任 zérèn	巴掌 bā · zhang
抽搐 chōuchù	近代 jìndài	荣誉 róngyù	感染 gǎnrǎn	沙发 shāfā
周围 zhōuwéi	呆板 dāibǎn	夸张 kuāzhāng	怪物 guài · wu	丧失 sàngshī
素材 sùcái	考古 kǎogǔ	爱惜 àixī	大腕儿 dàwànr	滴灌 dīguàn
灵敏 língmǐn	狩猎 shòuliè	弹簧 tánhuáng	昂首 ángshǒu	理想 lǐxiǎng
厄运 èyùn	摸索 mō · suǒ	半截儿 bànjiér	童话 tónghuà	

三、朗读短文（400 个音节，限时 4 分钟，共 30 分）

作品 51 号

四、命题说话（请在下列话题中任选一个，限时 3 分钟，共 40 分）

1. 我的成长之路

2. 我喜爱的文学（或其他艺术形式）

试卷二十六

一、读单音节字词（100 个音节，限时 3.5 分钟，共 10 分）

板 bǎn	撑 chēng	懂 dǒng	绝 jué	给 gěi	遵 zūn	绒 róng	了 liǎo	撵 niǎn	吞 tūn
逸 yì	都 dōu	辱 rǔ	唤 huàn	弓 gōng	翅 chì	缕 lǚ	驼 tuó	膀 páng	就 jiù
喘 chuǎn	促 cù	蹦 bèng	灰 huī	卡 kǎ	构 gòu	畔 pàn	铃 líng	锐 ruì	午 wǔ
雇 gù	赞 zàn	短 duǎn	蔗 zhè	急 jí	孔 kǒng	麻 má	劈 pī	妄 wàng	嗓 sǎng
肥 féi	宾 bīn	拐 guǎi	答 dá	假 jiǎ	硼 péng	苇 wěi	慢 màn	仨 sā	口 kǒu
否 fǒu	部 bù	赠 zèng	捎 shāo	检 jiǎn	孟 mèng	筐 kuāng	官 guān	频 pín	袭 xí
郁 yù	当 dāng	驶 shǐ	复 fù	老 lǎo	枚 méi	贤 xián	浦 pǔ	锅 guō	浇 jiāo
瞻 zhān	改 gǎi	材 cái	携 xié	接 jiē	好 hǎo	类 lèi	搜 sōu	棋 qí	木 mù
歉 qiàn	槽 cáo	绪 xù	后 hòu	津 jīn	点 diǎn	署 shǔ	例 lì	女 nǚ	感 gǎn
籽 zǐ	常 cháng	惊 jīng	护 hù	爹 diē	俩 liǎ	娘 niáng	廷 tíng	妾 qiè	尧 Yáo

二、读多音节词语（100 个音节，限时 2.5 分钟，共 20 分）

此间 cǐjiān	几率 jīlǜ	弥漫 mímàn	白净 bái · jing	善良 shànliáng
卧室 wòshì	状况 zhuàngkuàng	党纪 dǎngjì	酱油 jiàngyóu	男人 nánrén
名牌儿 míngpáir	神情 shénqíng	刑罚 xíngfá	质子 zhìzǐ	爵士乐 juéshìyuè
法典 fǎdiǎn	年级 niánjí	塑料 sùliào	蛾子 é · zi	胸脯 xiōngpú
变更 biàngēng	开朗 kāilǎng	蓬勃 péngbó	粉笔 fěnbǐ	寺院 sìyuàn
脸盘儿 liǎnpánr	牙齿 yáchǐ	不妨 bùfáng	拱手 gǒngshǒu	狂热 kuángrè
气流 qìliú	疼痛 téngtòng	称呼 chēng · hu	渔业 yúyè	潮湿 cháoshī
好评 hǎopíng	豆芽儿 dòuyár	黎明 límíng	情绪 qíngxù	脱离 tuōlí
在家 zàijiā	摧毁 cuīhuǐ	简陋 jiǎnlòu	绿洲 lǜzhōu	热心 rèxīn
位移 wèiyí	遭受 zāoshòu	碎步儿 suìbùr	同位素 tóngwèisù	

三、朗读短文（400 个音节，限时 4 分钟，共 30 分）

作品 33 号

四、命题说话（请在下列话题中任选一个，限时 3 分钟，共 40 分）

1. 购物（消费）的感受

2. 谈谈社会公德（或职业道德）

试卷二十七

一、读单音节字词（100 个音节，限时 3.5 分钟，共 10 分）

疫 yì	灼 zhuó	花 huā	丸 wán	囊 náng	仁 rén	列 liè	刺 cì	柄 bǐng	二 èr
蛙 wā	砚 yàn	如 rú	闹 nào	昼 zhòu	蓝 lán	堆 duī	横 héng	纯 chún	边 biān
蜕 tuì	循 xún	年 nián	闭 bì	肯 kěn	执 zhí	闯 chuǎng	顶 dǐng	合 hé	嚷 rǎng
癣 xuǎn	淘 táo	缺 quē	串 chuàn	膜 mó	本 běn	刻 kè	择 zé	渡 dù	哈 hā
穷 qióng	灭 miè	哭 kū	澡 zǎo	掉 diào	汰 tài	絮 xù	拜 bài	归 guī	愁 chóu
绥 suí	瞒 mán	辛 xīn	爸 bà	哉 zāi	抵 dǐ	广 guǎng	冲 chōng	均 jūn	瞧 qiáo
罗 luó	孕 yùn	饲 sì	七 qī	拱 gǒng	巨 jù	层 céng	导 dǎo	硝 xiāo	风 fēng
纲 gāng	愚 yú	爽 shuǎng	镶 xiāng	乱 luàn	篇 piān	残 cán	袋 dài	紧 jǐn	些 xiē
赦 shè	溪 xī	釉 yòu	龙 lóng	抛 pāo	步 bù	浮 fú	焦 jiāo	村 cūn	洋 yáng
粪 fèn	涡 wō	混 hún	逝 shì	怕 pà	盈 yíng	临 lín	伯 bó	催 cuī	溜 liū

二、读多音节词语（100 个音节，限时 2.5 分钟，共 20 分）

宝贝 bǎo · bèi	打盹儿 dǎdǔnr	黄昏 huánghūn	命运 mìngyùn	西域 Xīyù
他人 tārén	拳头 quán · tóu	采访 cǎifǎng	鉴别 jiànbié	那些 nàxiē
福气 fú · qi	容器 róngqì	天鹅 tiān'é	泄露 xièlòu	虚心 xūxīn
场所 chǎngsuǒ	泥土 nítǔ	送信儿 sòngxìnr	人格 réngé	同意 tóngyì
静脉 jìngmài	倒霉 dǎoméi	快乐 kuàilè	庞大 pángdà	森林 sēnlín
棒槌 bàng · chui	投降 tóuxiáng	谚语 yànyǔ	反动 fǎndòng	来源 láiyuán
月饼 yuè · bing	片刻 piànkè	世界观 shìjièguān	阴霾 yīnmái	挖掘 wājué
感慨 gǎnkǎi	没谱儿 méipǔr	责怪 zéguài	恰当 qiàdàng	衰老 shuāilǎo
微笑 wēixiào	逻辑 luó · jí	口语 kǒuyǔ	媒介 méijiè	曲线 qūxiàn
搜集 sōují	诬陷 wūxiàn	抓阄儿 zhuājiūr	老百姓 lǎobǎixìng	

三、朗读短文（400 个音节，限时 4 分钟，共 30 分）

作品 7 号

四、命题说话（请在下列话题中任选一个，限时 3 分钟，共 40 分）

1. 学习普通话的体会

2. 谈谈卫生与健康

试卷二十八

一、读单音节字词（100 个音节，限时 3.5 分钟，共 10 分）

派 pài	粉 fěn	炒 chǎo	判 pàn	懂 dǒng	级 jí	纤 xiān	剃 tì	粟 sù	猿 yuán
陈 chén	挨 ái	建 jiàn	拢 lǒng	绕 rào	塞 sāi	熔 róng	饷 xiǎng	谭 Tán	枣 zǎo
络 luò	摆 bǎi	练 liàn	赤 chì	佛 fó	孝 xiào	解 jiě	闸 zhá	软 ruǎn	贫 pín
腹 fù	楚 chǔ	竟 jìng	忙 máng	抱 bào	赛 sài	铺 pū	挟 xié	蘸 zhàn	亭 tíng
杯 bēi	肝 gān	从 cóng	魄 pò	平 píng	凹 āo	面 miàn	拓 tuò	可 kě	炙 zhì
磨 mó	别 bié	更 gèng	扣 kòu	腌 yān	起 qǐ	窜 cuàn	盅 zhōng	韦 wéi	尚 shàng
捕 bǔ	购 gòu	浅 qiǎn	跨 kuà	单 dān	烧 shāo	瘟 wēn	肘 zhǒu	嫩 nèn	痒 yǎng
扭 niǔ	赘 zhuì	参 cān	道 dào	灌 guàn	琴 qín	姚 Yáo	师 shī	捂 wǔ	困 kùn
耗 hào	浓 nóng	测 cè	冷 lěng	帝 dì	姿 zī	手 shǒu	腋 yè	惜 xī	曲 qǔ
痈 yōng	丢 diū	火 huǒ	拆 chāi	匣 xiá	您 nín	攥 zuàn	束 shù	来 lái	囚 qiú

二、读多音节词语（100 个音节，限时 2.5 分钟，共 20 分）

紫菜 zǐcài	坚毅 jiānyì	锯齿儿 jùchǐr	公社 gōngshè	大街 dàjiē
部门 bùmén	下去 xià · qù	小巧 xiǎoqiǎo	讴歌 ōugē	分泌 fēnmì
粗糙 cūcāo	麻花儿 máhuār	不论 bùlùn	颜色 yánsè	守旧 shǒujiù
杂院儿 záyuànr	撇开 piē · kāi	放心 fàngxīn	从前 cóngqián	薄弱 bóruò
造就 zàojiù	顷刻 qǐngkè	还原 huányuán	儿女 érnǚ	磁铁 cítiě
被动 bèidòng	花盆儿 huāpénr	证书 zhèngshū	泯灭 mǐnmiè	号召 hàozhào
读书 dúshū	出席 chūxí	脑袋 nǎo · dai	伴随 bànsuí	跳动 tiàodòng
观测 guāncè	领海 lǐnghǎi	耷拉 dā · la	电荷 diànhè	成员 chéngyuán
科研 kēyán	树林 shùlín	茶叶 cháyè	丧失 sàngshī	地壳 dìqiào
缓解 huǎnjiě	包涵 bāo · hán	微妙 wēimiào	目瞪口呆 mùdèng-kǒudāi	

三、朗读短文（400 个音节，限时 4 分钟，共 30 分）

作品 60 号

四、命题说话（请在下列话题中任选一个，限时 3 分钟，共 40 分）

1. 我所在的集体（学校、机关、公司等）

2. 我的家乡（或熟悉的地方）

试卷二十九

一、读单音节字词（100 个音节，限时 3.5 分钟，共 10 分）

岸 àn	伏 fú	搭 dā	梨 lí	晶 jīng	贼 zéi	袜 wà	取 qǔ	蚀 shí	纳 nà
聚 jù	呆 dāi	却 què	供 gòng	联 lián	南 nán	般 bān	腕 wàn	暑 shǔ	佯 yáng
比 bǐ	圈 quān	党 dǎng	谷 gǔ	让 ràng	磷 lín	委 wěi	你 nǐ	殷 yīn	涮 shuàn
可 kě	敌 dí	逛 guàng	标 biāo	内 nèi	溢 yì	毋 wú	惹 rě	讼 sòng	刘 Liú
楼 lóu	浓 nóng	不 bù	害 hài	婴 yīng	任 rèn	度 dù	塑 sù	夕 xī	看 kàn
屏 píng	凿 záo	蔡 cài	蹲 dūn	苦 kǔ	霞 xiá	扔 rēng	路 lù	梭 suō	黄 huáng
码 mǎ	否 fǒu	藏 cáng	晓 xiǎo	壶 hú	矿 kuàng	扫 sǎo	喷 pēn	塌 tā	迂 yū
阔 kuò	模 mó	键 jiàn	贪 tān	扯 chě	砧 zhēn	返 fǎn	腮 sāi	祥 xiáng	皮 pí
强 qiáng	诛 zhū	舔 tiǎn	拉 lā	济 jì	羞 xiū	每 měi	砂 shā	初 chū	丰 fēng
栏 lán	个 gè	船 chuán	且 qiě	届 jiè	踪 zōng	某 mǒu	巡 xún	闪 shǎn	屠 tú

二、读多音节词语（100 个音节，限时 2.5 分钟，共 20 分）

毛巾 máojīn	趣味 qùwèi	百合 bǎihé	停留 tíngliú	鞋带儿 xiédàir
压缩 yāsuō	中枢 zhōngshū	枷锁 jiāsuǒ	自信 zìxìn	提防 dī · fang
完整 wánzhěng	岩石 yánshí	处女 chǔnǚ	人性 rén · xìng	胆略 dǎnlüè
蛋黄儿 dànhuángr	客商 kèshāng	散步 sànbù	误差 wùchā	邀请 yāoqǐng
鼻孔 bíkǒng	声调 shēngdiào	扁担 biǎn · dan	狭隘 xiá' ài	尔后 ěrhòu
拥挤 yōngjǐ	疗养院 liáoyǎngyuàn	独特 dútè	牛顿 niúdùn	石榴 shí · liu
围嘴儿 wéizuǐr	县城 xiànchéng	辅导 fǔdǎo	栽培 zāipéi	肥料 féiliào
果肉 guǒròu	佩服 pèi · fú	俗称 súchēng	星球 xīngqiú	增强 zēngqiáng
瞬间 shùnjiān	过渡 guòdù	海岛 hǎidǎo	亲属 qīnshǔ	胎儿 tāi' ér
火苗儿 huǒmiáor	血液 xuèyè	战略 zhànlüè	独一无二 dúyī-wú' èr	

三、朗读短文（400 个音节，限时 4 分钟，共 30 分）

作品 23 号

四、命题说话（请在下列话题中任选一个，限时 3 分钟，共 40 分）

1. 谈谈对环境保护的认识

2. 谈谈科技发展与社会生活

试卷三十

一、读单音节字词（100 个音节，限时 3.5 分钟，共 10 分）

卒 zú	焰 yàn	枉 wǎng	善 shàn	骗 piàn	抹 mǒ	老 lǎo	俱 jù	喝 hē	对 duì
哑 yǎ	滋 zī	钉 dìng	剜 wān	骑 qí	喊 hǎn	棉 mián	晒 shài	薛 Xuē	链 liàn
谱 pǔ	救 jiù	椎 zhuī	妥 tuǒ	若 ruò	迷 mí	斤 jīn	类 lèi	滚 gǔn	凑 còu
玄 xuán	臀 tún	日 rì	拽 zhuài	瓜 guā	虫 chóng	捆 kǔn	命 mìng	结 jié	凭 píng
涛 tāo	腥 xīng	粥 zhōu	批 pī	脚 jiǎo	眉 méi	车 chē	空 kōng	染 rǎn	固 gù
蒜 suàn	辛 xīn	全 quán	赠 zèng	触 chù	落 luò	陪 péi	狂 kuáng	告 gào	简 jiǎn
允 yǔn	帅 shuài	缺 quē	活 huó	巷 xiàng	夫 fū	扭 niǔ	旅 lǚ	亏 kuī	操 cāo
求 qiú	熄 xī	孰 shú	那 nà	谕 yù	冯 Féng	君 jūn	鲁 lǔ	环 huán	并 bìng
沪 Hù	乌 wū	嗜 shì	轻 qīng	闹 nào	酉 yǒu	倍 bèi	犯 fàn	觉 jiào	刘 Liú
淋 lín	掖 yē	萎 wěi	埠 bù	亩 mǔ	审 shěn	哄 hǒng	捐 juān	堵 dǔ	千 qiān

二、读多音节词语（100 个音节，限时 2.5 分钟，共 20 分）

济济 jǐjǐ	苍白 cāngbái	志愿军 zhìyuànjūn	锄头 chú · tou	逻辑 luó · jí
让步 ràngbù	素描 sùmiáo	加塞儿 jiāsāir	笔者 bǐzhě	热血 rèxuè
当选 dāngxuǎn	台灯 táidēng	面积 miànjī	机关 jīguān	采取 cǎiqǔ
动作 dòngzuò	经典 jīngdiǎn	拉链儿 lāliànr	模样 múyàng	撒手 sāshǒu
湍急 tuānjí	广泛 guǎngfàn	放弃 fàngqì	功夫 gōng · fu	咀嚼 jǔjué
万恶 wàn'è	内容 nèiróng	色素 sèsù	高等 gāoděng	海外 hǎiwài
膳食 shànshí	亏损 kuīsǔn	平坦 píngtǎn	衙门 yá · men	务农 wùnóng
可能 kěnéng	航海 hánghǎi	蜜枣儿 mìzǎor	历代 lìdài	其余 qíyú
受贿 shòuhuì	舷窗 xiánchuāng	脸色 liǎnsè	流氓 liúmáng	湖泊 húpō
情报 qíngbào	霜冻 shuāngdòng	被窝儿 bèiwōr	中间人 zhōngjiānrén	

三、朗读短文（400 个音节，限时 4 分钟，共 30 分）

作品 10 号

四、命题说话（请在下列话题中任选一个，限时 3 分钟，共 40 分）

1. 谈谈服饰

2. 我喜欢的明星（或其他知名人士）

试卷三十一

一、读单音节字词（100 个音节，限时 3.5 分钟，共 10 分）

氨 ān	盖 gài	达 dá	潘 Pān	价 jià	邻 lín	时 shí	颜 yán	枉 wǎng	憎 zēng
巴 bā	固 gù	军 jūn	懂 dǒng	瞻 zhān	噎 yē	授 shòu	票 piào	威 wēi	领 lǐng
接 jiē	流 liú	割 gē	奔 bēn	径 jìng	刷 shuā	拼 pīn	罩 zhào	纹 wén	姨 yí
跟 gēn	扁 biǎn	滴 dī	吟 yín	劝 quàn	侄 zhí	宿 sù	悟 wù	劲 jìn	码 mǎ
菜 cài	顾 gù	垫 diàn	刀 dāo	锁 suǒ	明 míng	切 qiē	蝇 yíng	霰 xiàn	冢 zhǒng
迈 mài	跪 guì	抖 dǒu	坑 kēng	域 yù	肠 cháng	蛀 zhù	详 xiáng	趟 tàng	溶 róng
而 ér	含 hán	程 chéng	灼 zhuó	入 rù	奶 nǎi	援 yuán	特 tè	潇 xiāo	扛 káng
孙 sūn	能 néng	饭 fàn	姿 zī	乎 hū	挑 tiāo	咂 zā	屑 xiè	床 chuáng	快 kuài
尿 niào	房 fáng	乐 lè	婚 hūn	赐 cì	崽 zǎi	通 tōng	撮 cuō	上 shàng	薪 xīn
绪 xù	理 lǐ	揍 zòu	否 fǒu	舍 shě	之 zhī	透 tòu	噪 zào	记 jì	脓 nóng

二、读多音节词语（100 个音节，限时 2.5 分钟，共 20 分）

开春 kāichūn	蘑菇 mó · gu	蓝图 lántú	玉米 yùmǐ	塑料 sùliào
判断 pànduàn	零售 língshòu	指点 zhǐdiǎn	板擦儿 bǎncār	离婚 líhūn
阴影 yīnyǐng	特务 tè · wu	气候 qìhòu	抒情 shūqíng	拇指 mǔzhǐ
胸脯 xiōngpú	金龟子 jīnguīzǐ	扫荡 sǎodàng	废物 fèi · wu	女性 nǚxìng
课本 kèběn	美味 měiwèi	嘹亮 liáoliàng	咖啡 kāfēi	深远 shēnyuǎn
冉冉 rǎnrǎn	乃至 nǎizhì	旺盛 wàngshèng	恍惚 huǎng · hū	毛驴 máolǘ
完美 wánměi	收摊儿 shōutānr	日趋 rìqū	明亮 míngliàng	晶体 jīngtǐ
香肠儿 xiāngchángr	打颤 dǎzhàn	给予 jǐyǔ	弹簧 tánhuáng	肉体 ròutǐ
煤炭 méitàn	种植 zhòngzhí	骨折 gǔzhé	栽培 zāipéi	驱逐 qūzhú
田地 tiándì	耳膜儿 ěrmór	轮流 lúnliú	细胞核 xìbāohé	

三、朗读短文（400 个音节，限时 4 分钟，共 30 分）

作品 22 号

四、命题说话（请在下列话题中任选一个，限时 3 分钟，共 40 分）

1. 我的朋友
2. 我和体育

试卷三十二

一、读单音节字词（100 个音节，限时 3.5 分钟，共 10 分）

怕 pà	并 bìng	族 zú	图 tú	州 zhōu	绒 róng	瞪 dèng	风 fēng	区 qū	尔 ěr
肆 sì	妃 fēi	悟 wù	日 rì	缫 sāo	符 fú	律 lǜ	挪 nuó	开 kāi	品 pǐn
恨 hèn	熊 xióng	鸟 niǎo	梨 lí	份 fèn	森 sēn	妆 zhuāng	港 gǎng	鹤 hè	伞 sǎn
炯 jiǒng	卧 wò	悟 wù	已 yǐ	黄 huáng	嘹 liáo	池 chí	推 tuī	雷 léi	凉 liáng
雪 xuě	叼 diāo	导 dǎo	擦 cā	尹 yǐn	槐 huái	木 mù	钾 jiǎ	撞 zhuàng	但 dàn
水 shuǐ	氯 lǜ	拴 shuān	夺 duó	麻 má	奈 nài	怎 zěn	宽 kuān	聂 Niè	挂 guà
贼 zéi	花 huā	凝 níng	肥 féi	测 cè	碘 diǎn	润 rùn	用 yòng	辛 xīn	奎 kuí
姜 jiāng	瘸 qué	牛 niú	走 zǒu	喊 hǎn	够 gòu	岭 lǐng	波 bō	帅 shuài	嗤 chī
闭 bì	乳 rǔ	梦 mèng	滑 huá	腌 yān	您 nín	鬼 guǐ	藤 téng	逮 dǎi	概 gài
法 fǎ	冰 bīng	崖 yá	倍 bèi	秋 qiū	蓝 lán	梯 tī	秒 miǎo	彭 Péng	平 píng

二、读多音节词语（100 个音节，限时 2.5 分钟，共 20 分）

流传 liúchuán	补丁 bǔ · ding	舍弃 shěqì	瓦解 wǎjiě	迫切 pòqiè
篡改 cuàngǎi	其次 qícì	犬齿 quǎnchǐ	观摩 guānmó	大褂儿 dàguàr
冶金 yějīn	跑道 pǎodào	劳驾 láojià	富翁 fùwēng	沸腾 fèiténg
茄子 qié · zi	体液 tǐyè	条款 tiáokuǎn	主人公 zhǔréngōng	对话 duìhuà
少女 shàonǚ	小腿 xiǎotuǐ	逗乐儿 dòulèr	旋转 xuánzhuǎn	高粱 gāo · liang
麻雀 máquè	君权 jūnquán	夜晚 yèwǎn	掩蔽 yǎnbì	接待 jiēdài
保温 bǎowēn	春天 chūntiān	阻隔 zǔgé	检查 jiǎnchá	利索 lì · suo
转战 zhuǎnzhàn	爱国 àiguó	封锁 fēngsuǒ	口哨儿 kǒushàor	全面 quánmiàn
声调 shēngdiào	扎实 zhā · shi	躲避 duǒbì	电气化 diànqìhuà	两栖 liǎngqī
安详 ānxiáng	双方 shuāngfāng	线轴儿 xiànzhóur	玻璃 bō · li	

三、朗读短文（400 个音节，限时 4 分钟，共 30 分）

作品 24 号

四、命题说话（请在下列话题中任选一个，限时 3 分钟，共 40 分）

1. 谈谈个人修养

2. 我知道的风俗

试卷三十三

一、读单音节字词（100 个音节，限时 3.5 分钟，共 10 分）

怪 guài	常 cháng	罚 fá	今 jīn	辆 liàng	熬 áo	阅 yuè	母 mǔ	盼 pàn	械 xiè
泣 qì	爸 bà	出 chū	归 guī	援 yuán	料 liào	灭 miè	分 fēn	渍 zì	乌 wū
笨 bèn	怯 qiè	还 hái	撑 chēng	啄 zhuó	润 rùn	就 jiù	奶 nǎi	丸 wán	喻 yù
噙 qín	服 fú	此 cǐ	口 kǒu	危 wēi	棱 léng	邮 yóu	逼 bī	囊 náng	爪 zhǎo
答 dá	后 hòu	蛹 yǒng	别 bié	佛 fó	泥 ní	刻 kè	珠 zhū	绿 lǜ	拓 tuò
改 gǎi	坪 píng	哭 kū	得 dé	弧 hú	步 bù	鸟 niǎo	淌 tǎng	婴 yīng	舟 zhōu
稿 gǎo	马 mǎ	第 dì	灰 huī	拧 nǐng	参 cān	伊 yī	趾 zhǐ	块 kuài	溯 sù
蜡 là	逊 xùn	点 diǎn	诈 zhà	个 gè	基 jī	从 cóng	诵 sòng	刨 páo	农 nóng
饶 ráo	暖 nuǎn	层 céng	噪 zào	斗 dòu	公 gōng	甲 jiǎ	每 měi	戌 xū	沈 Shěn
饿 è	矢 shǐ	巢 cháo	交 jiāo	狗 gǒu	赞 zàn	摸 mō	爬 pá	邢 Xíng	连 lián

二、读多音节词语（100 个音节，限时 2.5 分钟，共 20 分）

补贴 bǔtiē	陶冶 táoyě	芝麻 zhī · ma	白日 báirì	肥沃 féiwò
离开 líkāi	任意 rènyì	顶点 dǐngdiǎn	玩笑 wánxiào	搏击 bójī
走味儿 zǒuwèir	封面 fēngmiàn	零件 língjiàn	山脉 shānmài	感慨 gǎnkǎi
念叨 niàn · dao	向往 xiàngwǎng	测算 cèsuàn	高昂 gāo'áng	难题 nántí
生动 shēngdòng	门口儿 ménkǒur	脚步 jiǎobù	一再 yīzài	柴油 cháiyóu
细节 xìjié	盆地 péndì	司令 sīlìng	旅馆 lǚguǎn	单身 dānshēn
火星儿 huǒxīngr	豢养 huànyǎng	在乎 zài · hu	平静 píngjìng	通过 tōngguò
偶然 ǒurán	自豪 zìháo	惰性 duòxìng	急遽 jíjù	招生 zhāoshēng
其中 qízhōng	为难 wéinán	使命 shǐmìng	按捺 ànnà	而今 érjīn
恪守 kèshǒu	缺陷 quēxiàn	泪珠儿 lèizhūr	矫揉造作 jiǎoróu-zàozuò	

三、朗读短文（400 个音节，限时 4 分钟，共 30 分）

作品 8 号

四、命题说话（请在下列话题中任选一个，限时 3 分钟，共 40 分）

1. 谈谈美食
2. 我喜爱的书刊

试卷三十四

一、读单音节字词（100 个音节，限时 3.5 分钟，共 10 分）

萤 yíng　粥 zhōu　陈 chén　翁 wēng　青 qīng　伸 shēn　粗 cū　邻 lín　据 jù　给 gěi
酸 suān　拱 gǒng　佐 zuǒ　涡 wō　噎 yē　桥 qiáo　弹 dàn　内 nèi　俩 liǎ　九 jiǔ
哪 nǎ　洒 sǎ　漾 yàng　韦 wéi　不 bù　索 suǒ　攥 zuàn　干 gàn　劲 jìn　李 lǐ
舱 cāng　骑 qí　焉 yān　塞 sāi　谋 móu　蛀 zhù　来 lái　蒋 Jiǎng　碎 suì　否 fǒu
洼 wā　如 rú　驯 xùn　稚 zhì　松 sōng　烂 làn　方 fāng　背 bèi　混 hún　贫 pín
吞 tūn　扒 bā　择 zé　休 xiū　苏 sū　毁 huǐ　溶 róng　苗 miáo　困 kùn　丁 dīng
热 rè　灾 zāi　携 xié　顺 shùn　蜕 tuì　毛 máo　牌 pái　亏 kuī　导 dǎo　轰 hōng
涎 xián　童 tóng　孕 yùn　双 shuāng　陈 Chén　好 hǎo　脾 pí　跨 kuà　孟 mèng　确 què
淤 yū　夕 xī　亭 tíng　授 shòu　欧 Ōu　曲 qǔ　滚 gǔn　轮 lún　看 kàn　错 cuò
士 shì　晤 wù　勇 yǒng　舔 tiǎn　军 jūn　女 nǚ　秋 qiū　陆 lù　馆 guǎn　平 píng

二、读多音节词语（100 个音节，限时 2.5 分钟，共 20 分）

狭隘 xiá'ài　提防 dī · fang　榜样 bǎngyàng　老虎 lǎohǔ　受伤 shòushāng
自居 zìjū　扬言 yángyán　美好 měihǎo　出发点 chūfādiǎn　丝毫 sīháo
香烟 xiāngyān　将就 jiāng · jiu　尊称 zūnchēng　血型 xuèxíng　打败 dǎbài
母体 mǔtǐ　脸盘儿 liǎnpánr　随意 suíyì　兴建 xīngjiàn　抓获 zhuāhuò
温馨 wēnxīn　否定 fǒudìng　派遣 pàiqiǎn　台风 táifēng　花样儿 huāyàngr
烧饼 shāo · bing　知晓 zhīxiǎo　甜菜 tiáncài　门铃儿 ménlíngr　强盗 qiángdào
途径 tújìng　运动 yùndòng　哲理 zhélǐ　严重 yánzhòng　肃清 sùqīng
火光 huǒguāng　人类 rénlèi　误会 wùhuì　古典 gǔdiǎn　增加 zēngjiā
缘由 yuányóu　商贾 shānggǔ　镜头 jìngtóu　深夜 shēnyè　歪曲 wāiqū
着急 zháojí　饭盒儿 fànhér　迂回 yūhuí　混合物 hùnhéwù

三、朗读短文（400 个音节，限时 4 分钟，共 30 分）

作品 20 号

四、命题说话（请在下列话题中任选一个，限时 3 分钟，共 40 分）

1. 我喜欢的节日

2. 我的假日生活

试卷三十五

一、读单音节字词（100 个音节，限时 3.5 分钟，共 10 分）

膳 shàn	撇 piě	娜 nà	渊 yuān	锥 zhuī	湾 wān	烙 lào	独 dú	嫁 jià	拆 chāi
漂 piāo	穆 mù	拽 zhuài	梯 tī	臊 sào	岳 yuè	缆 lǎn	哈 hā	递 dì	布 bù
泰 tài	瑞 ruì	瘾 yǐn	硼 péng	烛 zhú	当 dāng	伯 bó	廓 kuò	含 hán	摹 mó
液 yè	滕 Téng	刃 rèn	骤 zhòu	赔 péi	凑 còu	华 huá	坤 kūn	铭 míng	避 bì
笋 sǔn	旨 zhǐ	券 quàn	瑶 yáo	迄 qì	闽 Mǐn	寇 kòu	逛 guàng	存 cún	安 ān
琼 qióng	刨 páo	衍 yǎn	撕 sī	浙 Zhè	垦 kěn	故 gù	刺 cì	瞄 miáo	捐 juān
铡 zhá	靴 xuē	署 shǔ	寝 qǐn	鸥 ōu	螺 luó	菊 jú	刚 gāng	纯 chún	醉 zuì
拗 niù	瀑 pù	枣 zǎo	萧 xiāo	卢 Lú	售 shòu	臭 chòu	警 jǐng	腹 fù	星 xīng
卒 zú	瓮 wèng	赦 shè	碾 niǎn	魄 pò	方 fāng	产 chǎn	拎 līn	襟 jīn	徒 tú
诱 yòu	勺 sháo	萍 píng	残 cán	畏 wèi	腻 nì	劫 jié	恋 liàn	恩 ēn	墨 mò

二、读多音节词语（100 个音节，限时 2.5 分钟，共 20 分）

扭转 niǔzhuǎn	嫂子 sǎo · zi	水位 shuǐwèi	顶点 dǐngdiǎn	味道 wèi · dào
棕色 zōngsè	糟蹋 zāotà	法人 fǎrén	疲倦 píjuàn	岁月 suìyuè
牺牲 xīshēng	号码儿 hàomǎr	租赁 zūlìn	鸳鸯 yuān · yāng	港口 gǎngkǒu
香肠儿 xiāngchángr	酋长 qiúzhǎng	渔村 yúcūn	无效 wúxiào	追捕 zhuībǔ
太阳 tài · yáng	好转 hǎozhuǎn	日记 rìjì	别针儿 biézhēnr	秧歌 yāng · ge
英镑 yīngbàng	贮备 zhùbèi	旺盛 wàngshèng	解除 jiěchú	牙龈 yáyín
溜达 liū · da	田野 tiányě	下旬 xiàxún	终端 zhōngduān	丧失 sàngshī
老大 lǎodà	摄影 shèyǐng	胰岛素 yídǎosù	特权 tèquán	鲜血 xiānxuè
侦探 zhēntàn	投资 tóuzī	脚印儿 jiǎoyìnr	猛烈 měngliè	窈窕 yǎotiǎo
推销 tuīxiāo	效益 xiàoyì	杂技 zájì	神经质 shénjīngzhì	

三、朗读短文（400 个音节，限时 4 分钟，共 30 分）

作品 32 号

四、命题说话（请在下列话题中任选一个，限时 3 分钟，共 40 分）

1. 我的愿望(或理想)

2. 我的成长之路

试卷三十六

一、读单音节字词（100 个音节，限时 3.5 分钟，共 10 分）

怒 nù	柔 róu	糖 táng	岸 àn	吹 chuī	朵 duǒ	果 guǒ	句 jù	流 liú	蕴 yùn
次 cì	八 bā	法 fǎ	海 hǎi	披 pī	扛 káng	滤 lǜ	捅 tǒng	儒 rú	凿 záo
泛 fàn	何 hé	包 bāo	打 dǎ	坑 kēng	腮 sāi	马 mǎ	胖 pàng	崽 zǎi	袜 wà
跨 kuà	埋 mái	瓶 píng	比 bǐ	带 dài	飞 fēi	威 wēi	环 huán	嗓 sǎng	蘸 zhàn
蛋 dàn	风 fēng	变 biàn	慌 huāng	款 kuǎn	梦 mèng	刹 chà	诊 zhěn	涡 wō	扑 pū
钙 gài	宾 bīn	极 jí	蹬 dēng	忠 zhōng	狼 láng	笙 shēng	奇 qí	霞 xiá	迷 mí
将 jiāng	卓 zhuó	猜 cāi	电 diàn	歌 gē	纤 xiān	门 mén	轻 qīng	赎 shú	乐 lè
草 cǎo	丢 diū	姿 zī	理 lǐ	叫 jiào	搜 sōu	羞 xiū	嫩 nèn	秋 qiū	耕 gēng
骨 gǔ	撤 chè	跌 diē	尽 jìn	圈 quān	砚 yàn	遵 zūn	列 liè	能 néng	祀 sì
揩 kāi	关 guān	穿 chuān	净 jìng	撮 cuō	龄 líng	贪 tān	然 rán	妖 yāo	娘 niáng

二、读多音节词语（100 个音节，限时 2.5 分钟，共 20 分）

嘱托 zhǔtuō	赶集 gǎnjí	姑姑 gū · gu	说服 shuōfú	切实 qièshí
没有 méi · yǒu	电磁波 diàncíbō	许久 xǔjiǔ	放假 fàngjià	透明 tòumíng
笔杆儿 bǐgǎnr	楼房 lóufáng	契约 qìyuē	从前 cóngqián	玛瑙 mǎnǎo
照片儿 zhàopiānr	勾勒 gōulè	一般 yībān	苹果 píngguǒ	朝廷 cháotíng
廉价 liánjià	屡次 lǚcì	狂妄 kuángwàng	灾难 zāinàn	策略 cèlüè
迷糊 mí · hu	翻译 fānyì	胚胎 pēitāi	惩罚 chéngfá	实体 shítǐ
农户 nónghù	脑袋 nǎo · dai	打鸣儿 dǎmíngr	刻苦 kèkǔ	捏造 niēzào
警车 jǐngchē	毗邻 pílín	小葱儿 xiǎocōngr	森林 sēnlín	年初 niánchū
局限 júxiàn	不要 bùyào	伙房 huǒfáng	劝解 quànjiě	坎坷 kǎnkě
热带 rèdài	白天 báitiān	对抗 duìkàng	禁不住 jīn · buzhù	

三、朗读短文（400 个音节，限时 4 分钟，共 30 分）

作品 53 号

四、命题说话（请在下列话题中任选一个，限时 3 分钟，共 40 分）

1. 我向往的地方

2. 谈谈卫生与健康

试卷三十七

一、读单音节字词（100 个音节，限时 3.5 分钟，共 10 分）

淤 yū	湘 Xiāng	酌 zhuó	清 qīng	仨 sā	门 mén	瓜 guā	浆 jiāng	短 duǎn	虫 chóng
滋 zī	苑 yuàn	熄 xī	若 ruò	喷 pēn	论 lùn	浇 jiāo	跟 gēn	撑 chēng	定 dìng
软 ruǎn	泡 pào	龙 lóng	妆 zhuāng	午 wǔ	咏 yǒng	冬 dōng	节 jié	赶 gǎn	册 cè
坠 zhuì	抑 yì	腕 wàn	磷 lín	仍 réng	凝 níng	吊 diào	加 jiā	吵 chǎo	府 fǔ
掩 yǎn	让 ràng	农 nóng	肘 zhǒu	瘟 wēn	常 cháng	挡 dǎng	冷 lěng	粪 fèn	魂 hún
快 kuài	国 guó	雅 yǎ	妥 tuǒ	宅 zhái	热 rè	脑 nǎo	返 fǎn	代 dài	簿 bù
渠 qú	耐 nài	哲 zhé	迅 xùn	宾 bīn	途 tú	鹅 é	寸 cùn	洪 hóng	孔 kǒng
榻 tà	且 qiě	宣 xuān	二 èr	班 bān	庙 miào	澡 zǎo	互 hù	催 cuī	科 kē
吮 shǔn	嵌 qiàn	薪 xīn	慢 màn	咂 zā	被 bèi	船 chuán	菌 jūn	怀 huái	朵 duǒ
赞 zàn	孝 xiào	哨 shào	鞭 biān	冒 mào	急 jí	贵 guì	蹲 dūn	除 chú	器 qì

二、读多音节词语（100 个音节，限时 2.5 分钟，共 20 分）

否则 fǒuzé	灵敏 língmǐn	扁担 biǎn · dan	蔬菜 shūcài	寺院 sìyuàn
杂音 záyīn	押送 yāsòng	等级 děngjí	饺子 jiǎo · zi	弥漫 mímàn
望远镜 wàngyuǎnjìng	葬礼 zànglǐ	颜料 yánliào	西瓜 xī · guā	古代 gǔdài
悄悄 qiāoqiāo	天窗儿 tiānchuāngr	占卜 zhānbǔ	狭窄 xiázhǎi	夜幕 yèmù
缩小 suōxiǎo	瓜瓤儿 guārángr	海洋 hǎiyáng	片刻 piànkè	谈判 tánpàn
乡村 xiāngcūn	阴森 yīnsēn	证券 zhèngquàn	苦恼 kǔnǎo	如今 rújīn
钟表 zhōngbiǎo	新娘 xīnniáng	朋友 péng · you	原籍 yuánjí	跳跃 tiàoyuè
理解 lǐjiě	茁壮 zhuózhuàng	湍流 tuānliú	削弱 xuēruò	杏仁儿 xìngrénr
约定 yuēdìng	施肥 shīféi	扭转 niǔzhuǎn	散射 sǎnshè	脱离 tuōlí
询问 xúnwèn	预感 yùgǎn	小熊儿 xiǎoxióngr	统一体 tǒngyītǐ	

三、朗读短文（400 个音节，限时 4 分钟，共 30 分）

作品 56 号

四、命题说话（请在下列话题中任选一个，限时 3 分钟，共 40 分）

1. 童年的记忆

2. 我尊敬的人

试卷三十八

一、读单音节字词（100 个音节，限时 3.5 分钟，共 10 分）

翼 yì	网 wǎng	做 zuò	戳 chuō	鸟 niǎo	全 quán	豁 huō	良 liáng	伐 fá	拴 shuān
钻 zuàn	睁 zhēng	摄 shè	伪 wěi	某 mǒu	踹 chuài	雷 léi	浑 hún	帆 fān	亲 qīn
折 zhé	团 tuán	升 shēng	嘴 zuǐ	抢 qiǎng	舵 duò	民 mín	矿 kuàng	淮 Huái	辰 chén
颇 pō	米 mǐ	脏 zāng	涂 tú	叶 yè	始 shǐ	钞 chāo	壕 háo	犊 dú	肯 kěn
云 yún	铜 tóng	埋 mái	眼 yǎn	看 kàn	昌 chāng	佃 diàn	扫 sǎo	品 pǐn	簧 huáng
雄 xióng	汤 tāng	圆 yuán	票 piào	入 rù	焊 hàn	蒂 dì	略 lüè	嚼 jiáo	蹭 cèng
素 sù	认 rèn	小 xiǎo	喷 pēn	卵 luǎn	有 yǒu	棍 gùn	帛 bó	董 dǒng	居 jū
桩 zhuāng	像 xiàng	说 shuō	惹 rě	碰 pèng	驴 lǘ	究 jiū	估 gū	鬓 bìn	裆 dāng
鹿 lù	京 jīng	水 shuǐ	腺 xiàn	坝 bà	筑 zhù	锉 cuò	缺 quē	暖 nuǎn	葛 Gě
武 wǔ	司 sī	周 zhōu	泥 ní	氢 qīng	梆 bāng	另 lìng	尖 jiān	缚 fù	皴 cūn

二、读多音节词语（100 个音节，限时 2.5 分钟，共 20 分）

早期 zǎoqī	反馈 fǎnkuì	巴掌 bā · zhang	结果 jiéguǒ	描绘 miáohuì
偏偏 piānpiān	胜利 shènglì	不用 bùyòng	砂轮儿 shālúnr	非常 fēicháng
精心 jīngxīn	命名 mìngmíng	侵略 qīnlüè	挖掘 wājué	可以 kěyǐ
差距 chājù	木材 mùcái	潜力 qiánlì	桃子 táo · zi	钢琴 gāngqín
一半 yībàn	困境 kùnjìng	氧化 yǎnghuà	送信儿 sòngxìnr	融合 rónghé
故事 gùshì	那样 nàyàng	土壤 tǔrǎng	和平 hépíng	老师 lǎoshī
储蓄 chǔxù	小偷儿 xiǎotōur	内容 nèiróng	细菌 xìjūn	人家 rén · jia
答复 dá · fù	话筒 huàtǒng	逻辑 luó · jí	此刻 cǐkè	力度 lìdù
顶牛儿 dǐngniúr	消化 xiāohuà	嫁接 jiàjiē	流行 liúxíng	派遣 pàiqiǎn
召集 zhàojí	电视机 diànshìjī	努力 nǔlì	三轮车 sānlúnchē	

三、朗读短文（400 个音节，限时 4 分钟，共 30 分）

作品 3 号

四、命题说话（请在下列话题中任选一个，限时 3 分钟，共 40 分）

1. 购物（消费）的感受

2. 谈谈服饰

试卷三十九

一、读单音节字词（100 个音节，限时 3.5 分钟，共 10 分）

凑 còu	钢 gāng	巴 bā	敬 jìng	群 qún	免 miǎn	蔓 màn	耍 shuǎ	辛 xīn	攒 zǎn
得 dé	版 bǎn	亩 mǔ	汞 gǒng	日 rì	街 jiē	择 zé	甩 shuǎi	妄 wàng	锈 xiù
今 jīn	男 nán	弱 ruò	奔 bēn	点 diǎn	榨 zhà	蓄 xù	高 gāo	思 sī	委 wěi
惯 guàn	距 jù	嫩 nèn	娶 qǔ	保 bǎo	斗 dòu	昭 zhāo	瓮 wèng	雅 yǎ	穗 suì
扁 biǎn	核 hé	对 duì	坑 kēng	泥 ní	山 shān	阎 Yán	叹 tàn	伍 wǔ	臻 zhēn
发 fā	互 hù	踩 cǎi	逃 táo	帜 zhì	客 kè	痒 yǎng	纱 shā	袭 xí	排 pái
房 fáng	唤 huàn	俩 liǎ	仓 cāng	天 tiān	喷 pēn	僧 sēng	仲 zhòng	伊 yī	霰 xiàn
基 jī	录 lù	封 fēng	柴 chái	射 shè	撰 zhuàn	吟 yín	翔 xiáng	贴 tiē	脾 pí
六 liù	卡 kǎ	师 shī	俞 yú	籽 zǐ	撤 chè	浮 fú	夹 jiá	肖 Xiāo	突 tū
尺 chǐ	杆 gǎn	鬃 zōng	肩 jiān	穷 qióng	收 shōu	托 tuō	宰 zǎi	屑 xiè	码 mǎ

二、读多音节词语（100 个音节，限时 2.5 分钟，共 20 分）

嘴脸 zuǐliǎn	独自 dúzì	娃娃 wá · wa	俗称 súchēng	起点 qǐdiǎn
开垦 kāikěn	古老 gǔlǎo	人缘儿 rényuánr	爆炸 bàozhà	绚丽 xuànlì
看待 kàndài	水手 shuǐshǒu	品种 pǐnzhǒng	诞生 dànshēng	辗转 zhǎnzhuǎn
亵渎 xièdú	审美 shěnměi	掉价儿 diàojiàr	拍摄 pāishè	垄断 lǒngduàn
阐述 chǎnshù	念叨 niàn · dao	领土 lǐngtǔ	充足 chōngzú	择菜 zháicài
窝头 wōtóu	散发 sànfā	女子 nǚzǐ	宰割 zǎigē	法则 fǎzé
忍耐 rěnnài	否定 fǒudìng	剧场 jùchǎng	麻花儿 máhuār	采取 cǎiqǔ
陨石 yǔnshí	促成 cùchéng	先生 xiān · sheng	扰乱 rǎoluàn	免疫 miǎnyì
尽量 jìnliàng	隔离 gélí	痛觉 tòngjué	雨伞 yǔsǎn	痰盂儿 tányúr
盲目 mángmù	请求 qǐngqiú	幻想 huànxiǎng	自始至终 zìshǐ-zhìzhōng	

三、朗读短文（400 个音节，限时 4 分钟，共 30 分）

作品 42 号

四、命题说话（请在下列话题中任选一个，限时 3 分钟，共 40 分）

1. 难忘的旅行

2. 我的学习生活

试卷四十

一、读单音节字词（100 个音节，限时 3.5 分钟，共 10 分）

翠 cuì	腭 è	红 hóng	奥 ào	可 kě	泥 ní	染 rǎn	艘 sōu	息 xī	糟 zāo
碧 bì	旦 dàn	酚 fēn	活 huó	赖 lài	贼 zéi	县 xiàn	怒 nù	让 ràng	锁 suǒ
荡 dàng	缓 huǎn	疯 fēng	跛 bǒ	念 niàn	扔 rēng	老 lǎo	塔 tǎ	脏 zāng	蟹 xiè
辐 fú	继 jì	蚌 bàng	礼 lǐ	捣 dǎo	谈 tán	平 píng	容 róng	形 xíng	胀 zhàng
竿 gān	刘 Liú	军 jūn	通 tōng	拌 bàn	旋 xuán	凳 dèng	照 zhào	塞 sāi	碰 pèng
耿 gěng	碱 jiǎn	裁 cái	堤 dī	种 zhǒng	炮 pào	僧 sēng	团 tuán	压 yā	卤 lǔ
阳 yáng	伪 wěi	躬 gōng	策 cè	乱 luàn	殿 diàn	期 qī	抓 zhuā	舌 shé	解 jiě
抻 chēn	钓 diào	疏 shū	捉 zhuō	强 qiáng	仅 jǐn	名 míng	纹 wén	衣 yī	垢 gòu
规 guī	宠 chǒng	碗 wǎn	亏 kuī	痘 dòu	于 yú	磨 mó	钻 zuàn	谁 shuí	亲 qīn
娶 qǔ	死 sǐ	疮 chuāng	跃 yuè	左 zuǒ	韩 hán	跨 kuà	迈 mài	我 wǒ	煅 duàn

二、读多音节词语（100 个音节，限时 2.5 分钟，共 20 分）

补偿 bǔcháng	手掌 shǒuzhǎng	椰子 yē · zi	心脏 xīnzàng	喷嚏 pēntì
淳朴 chúnpǔ	铿锵 kēngqiāng	延续 yánxù	访问 fǎngwèn	白净 bái · jing
磋商 cuōshāng	大褂儿 dàguàr	最近 zuìjìn	挂帅 guàshuài	抚摸 fǔmō
绕道 ràodào	思潮 sīcháo	找茬儿 zhǎochár	弱小 ruòxiǎo	可喜 kěxǐ
喝彩 hècǎi	广阔 guǎngkuò	推销 tuīxiāo	源泉 yuánquán	半成品 bànchéngpǐn
盘踞 pánjù	典雅 diǎnyǎ	懒散 lǎnsǎn	见识 jiàn · shi	无穷 wúqióng
激素 jīsù	悔改 huǐgǎi	尿布 niàobù	绿豆 lǜdòu	额外 éwài
减少 jiǎnshǎo	包圆儿 bāoyuánr	完全 wánquán	针灸 zhēnjiǔ	仓皇 cānghuáng
毛囊 máonáng	漆黑 qīhēi	冷水 lěngshuǐ	先天 xiāntiān	脑髓 nǎosuǐ
蜻蜓 qīngtíng	模板 múbǎn	图钉儿 túdīngr	黄鼠狼 huángshǔláng	

三、朗读短文（400 个音节，限时 4 分钟，共 30 分）

作品 13 号

四、命题说话（请在下列话题中任选一个，限时 3 分钟，共 40 分）

1. 我喜爱的职业

2. 我喜欢的季节（或天气）

试卷四十一

一、读单音节字词（100 个音节，限时 3.5 分钟，共 10 分）

铲 chǎn	澄 dèng	巧 qiǎo	哀 āi	格 gé	拉 lā	江 jiāng	脑 nǎo	刷 shuā	吴 Wú
耙 pá	慈 cí	囊 náng	术 shù	缔 dì	弓 gōng	救 jiù	铅 qiān	练 liàn	戏 xì
掂 diān	谷 gǔ	钡 bèi	球 qiú	捏 niē	车 chē	衬 chèn	了 liǎo	瞎 xiā	送 sòng
管 guǎn	决 jué	痴 chī	墩 dūn	算 suàn	新 xīn	辫 biàn	猎 liè	南 nán	却 què
脚 jiǎo	漏 lòu	剁 duò	浓 nóng	忍 rěn	仇 chóu	钵 bō	过 guò	踢 tī	言 yán
没 méi	扬 yáng	饵 ěr	醋 cù	冰 bīng	软 ruǎn	特 tè	骇 hài	看 kàn	怕 pà
胡 hú	抛 pāo	闷 mèn	埠 bù	筏 fá	疮 chuāng	偷 tōu	元 yuán	如 rú	筐 kuāng
敷 fū	回 huí	蹭 cèng	三 sān	载 zài	考 kǎo	飘 piāo	台 tái	戳 chuō	灭 miè
逮 dǎi	谱 pǔ	餐 cān	横 héng	口 kǒu	扫 sǎo	墓 mù	吠 fèi	亡 wáng	纸 zhǐ
茬 chá	加 jiā	盗 dào	概 gài	猪 zhū	快 kuài	识 shí	瓮 wèng	皮 pí	梦 mèng

二、读多音节词语（100 个音节，限时 2.5 分钟，共 20 分）

丛林 cónglín	躲闪 duǒshǎn	鼻梁儿 bíliángr	减免 jiǎnmiǎn	哪里 nǎ · lǐ
森林 sēnlín	学习 xuéxí	海蜇 hǎizhé	橄榄 gǎnlǎn	描写 miáoxiě
权益 quányì	后跟儿 hòugēnr	途径 tújìng	造型 zàoxíng	必然性 bìránxìng
耳环 ěrhuán	凯旋 kǎixuán	项目 xiàngmù	数据 shùjù	烧饼 shāo · bing
拍摄 pāishè	挎包 kuàbāo	返还 fǎnhuán	老伯 lǎobó	竹子 zhú · zi
乒乓球 pīngpāngqiú	寺院 sìyuàn	一旦 yīdàn	祠堂 cítáng	毛驴儿 máolǘr
钢筋 gāngjīn	症状 zhèngzhuàng	热烈 rèliè	晚饭 wǎnfàn	摩擦 mócā
叉腰 chāyāo	辅导 fǔdǎo	荔枝 lìzhī	锄头 chú · tou	轻声 qīngshēng
用途 yòngtú	湍流 tuānliú	胆怯 dǎnqiè	阻碍 zǔ'ài	能动 néngdòng
合群儿 héqúnr	日趋 rìqū	文物 wénwù	锦旗 jǐnqí	

三、朗读短文（400 个音节，限时 4 分钟，共 30 分）

作品 25 号

四、命题说话（请在下列话题中任选一个，限时 3 分钟，共 40 分）

1. 我的家乡（或熟悉的地方）
2. 我喜爱的动物（或植物）

试卷四十二

一、读单音节字词（100 个音节，限时 3.5 分钟，共 10 分）

吹 chuī	角 jiǎo	撒 sǎ	封 fēng	挨 ái	吞 tūn	令 lìng	偏 piān	坠 zhuì	尧 Yáo
访 fǎng	剑 jiàn	奔 bēn	喘 chuǎn	散 sàn	买 mǎi	液 yè	迫 pò	廷 tíng	渍 zì
滨 bīn	答 dá	高 gāo	捐 juān	蒙 méng	凭 píng	色 sè	卒 zú	姨 yí	湾 wān
深 shēn	翁 wēng	殷 yīn	钉 dìng	蹦 bèng	更 gèng	面 miàn	镜 jìng	群 qún	逊 xùn
丢 diū	扛 káng	某 mǒu	观 guān	兵 bīng	维 wéi	猿 yuán	琴 qín	休 xiū	施 shī
哈 hā	扣 kòu	拨 bō	稻 dào	难 nán	硝 xiāo	宰 zǎi	穷 qióng	霜 shuāng	泰 tài
俄 é	行 háng	颗 kē	噪 zào	您 nín	卸 xiè	浅 qiǎn	擦 cā	苏 sū	哨 shào
狼 láng	女 nǚ	尔 ěr	财 cái	合 hé	所 suǒ	瞻 zhān	热 rè	腥 xīng	鳗 mán
偶 ǒu	揉 róu	车 chē	分 fēn	执 zhí	薛 Xuē	愣 lèng	花 huā	踏 tà	枯 kū
亮 liàng	旁 páng	飞 fēi	虫 chóng	济 jì	塘 táng	掩 yǎn	拄 zhǔ	人 rén	揭 jiē

二、读多音节词语（100 个音节，限时 2.5 分钟，共 20 分）

露馅儿 lòuxiànr	奖励 jiǎnglì	归结 guījié	模样 múyàng	控制 kòngzhì
区别 qūbié	移植 yízhí	边缘 biānyuán	饵料 ěrliào	顶端 dǐngduān
篱笆 lí · ba	扩大 kuòdà	片刻 piànkè	无情 wúqíng	摧残 cuīcán
稳妥 wěntuǒ	呼喊 hūhǎn	老本儿 lǎoběnr	民俗 mínsú	人工 réngōng
暂时 zànshí	罕见 hǎnjiàn	不必 bùbì	发育 fāyù	淋巴 línbā
排斥 páichì	院子 yuàn · zi	信徒 xìntú	乘务员 chéngwùyuán	径流 jìngliú
统领 tǒnglǐng	昼夜 zhòuyè	跑腿儿 pǎotuǐr	若干 ruògān	牛顿 niúdùn
果然 guǒrán	仓库 cāngkù	付出 fùchū	豆腐 dòu · fu	推荐 tuījiàn
夏季 xiàjì	恰当 qiàdàng	恶化 èhuà	没词儿 méicír	着手 zhuóshǒu
年间 niánjiān	死板 sǐbǎn	少年 shàonián	差不多 chà · buduō	

三、朗读短文（400 个音节，限时 4 分钟，共 30 分）

作品 57 号

四、命题说话（请在下列话题中任选一个，限时 3 分钟，共 40 分）

1. 我的业余生活

2. 我所在的集体（学校、机关、公司等）

试卷四十三

一、读单音节字词（100 个音节，限时 3.5 分钟，共 10 分）

野 yě	网 wǎng	作 zuò	扇 shàn	匹 pǐ	卖 mài	筐 kuāng	壕 háo	愤 fèn	崔 Cuī
砖 zhuān	凶 xiōng	停 tíng	仁 rén	暖 nuǎn	落 luò	橙 chéng	棍 gùn	炖 dùn	俱 jù
信 xìn	跳 tiào	请 qǐng	助 zhù	宁 níng	井 jǐng	卦 guà	馋 chán	睹 dǔ	驴 lǘ
托 tuō	思 sī	只 zhǐ	潘 Pān	衣 yī	喉 hóu	美 měi	蠢 chǔn	壳 ké	贩 fàn
紫 zǐ	学 xué	肉 ròu	体 tǐ	均 jūn	橱 chú	跑 pǎo	妙 miào	扼 è	贺 hè
随 suí	惹 rě	些 xiē	扎 zhā	策 cè	锭 dìng	件 jiàn	笼 lóng	孤 gū	娘 niáng
曰 yuē	显 xiǎn	税 shuì	搏 bó	刘 Liú	诫 jiè	捏 niē	篙 gāo	碟 dié	驱 qū
雾 wù	孙 sūn	巧 qiǎo	域 yù	难 nán	掸 dǎn	辆 liàng	鸡 jī	膈 gé	鳖 biē
阔 kuò	币 bì	有 yǒu	我 wǒ	抹 mǒ	熟 shú	甘 gān	壶 hú	捶 chuí	权 quán
猫 māo	坑 kēng	迎 yíng	碑 bēi	很 hěn	扑 pū	挖 wā	蹿 cuān	弗 fú	绳 shéng

二、读多音节词语（100 个音节，限时 2.5 分钟，共 20 分）

品德 pǐndé	不安 bù'ān	门道 mén · dao	亏损 kuīsǔn	发动机 fādòngjī
洽谈 qiàtán	瓦斯 wǎsī	船舶 chuánbó	体温 tǐwēn	红旗 hóngqí
掉价儿 diàojiàr	虚拟 xūnǐ	松鼠 sōngshǔ	明确 míngquè	永远 yǒngyuǎn
天窗儿 tiānchuāngr	动物 dòngwù	肩膀 jiānbǎng	那样 nàyàng	呻吟 shēnyín
造诣 zàoyì	起码 qǐmǎ	促成 cùchéng	过程 guòchéng	劳动日 láodòngrì
思量 sī · liang	屋脊 wūjǐ	认错 rèncuò	走神儿 zǒushénr	补给 bǔjǐ
周报 zhōubào	内地 nèidì	个性 gèxìng	双重 shuāngchóng	觉悟 juéwù
水银 shuǐyín	翅膀 chìbǎng	害虫 hàichóng	灵魂 línghún	吆喝 yāo · he
日食 rìshí	相间 xiāngjiàn	惨案 cǎn'àn	方言 fāngyán	鱼漂儿 yúpiāor
勘探 kāntàn	抓获 zhuāhuò	徒然 túrán	胚胎 pēitāi	

三、朗读短文（400 个音节，限时 4 分钟，共 30 分）

作品 39 号

四、命题说话（请在下列话题中任选一个，限时 3 分钟，共 40 分）

1. 我喜欢的明星（或其他知名人士）

2. 学习普通话的体会

试卷四十四

一、读单音节字词（100个音节，限时3.5分钟，共10分）

拽 zhuài	淫 yín	唾 tuò	涮 shuàn	欠 qiàn	蜜 mì	空 kōng	龟 guī	簿 bù	掂 diān
汝 rǔ	滋 zī	冶 yě	臀 tún	篇 piān	绝 jué	贡 gòng	络 luò	笛 dí	播 bō
噬 shì	延 yán	禀 bǐng	贷 dài	踪 zōng	佟 Tóng	灵 líng	盆 pén	酒 jiǔ	庚 gēng
绪 xù	淌 tǎng	骚 sāo	攀 pān	啄 zhuó	瘤 liú	膘 biāo	仿 fǎng	葱 cōng	捡 jiǎn
陕 Shǎn	孝 xiào	淘 táo	朕 zhèn	乏 fá	戳 chuō	奖 jiǎng	奶 nǎi	毙 bì	脸 liǎn
坛 tán	泪 lèi	涉 shè	迸 bèng	斋 zhāi	辖 xiá	瓷 cí	结 jié	烦 fán	囊 náng
火 huǒ	鄂 È	吻 wěn	损 sǔn	钡 bèi	锄 chú	毡 zhān	年 nián	哭 kū	任 rèn
嚷 rǎng	目 mù	赞 zàn	蛙 wā	据 jù	滑 huá	梭 suō	垛 duǒ	晨 chén	艾 ài
誉 yù	危 wēi	缎 duàn	睬 cǎi	讼 sòng	坝 bà	民 mín	宽 kuān	号 hào	泉 quán
荷 hé	栋 dòng	邮 yóu	毋 wú	扳 bān	炕 kàng	餐 cān	侵 qīn	蛮 mán	粟 sù

二、读多音节词语（100个音节，限时2.5分钟，共20分）

暖气 nuǎnqì	花园 huāyuán	儿童 értóng	豆子 dòu · zi	意蕴 yìyùn
气囊 qìnáng	坍塌 tāntā	可能 kěnéng	彩色 cǎisè	发扬 fāyáng
在行 zàiháng	驼背 tuóbèi	侨胞 qiáobāo	鼻梁儿 bíliángr	软体 ruǎntǐ
出血 chūxiě	贯彻 guànchè	萌芽 méngyá	僧尼 sēngní	喂养 wèiyǎng
本家 běnjiā	人缘儿 rényuánr	从事 cóngshì	接待 jiēdài	年轻 niánqīng
赡养 shànyǎng	蜥蜴 xīyì	悔改 huǐgǎi	电容 diànróng	开幕 kāimù
咆哮 páoxiào	棉球儿 miánqiúr	思忖 sīcǔn	作祟 zuòsuì	贬低 biǎndī
当即 dāngjí	学问 xué · wen	针鼻儿 zhēnbír	均衡 jūnhéng	植被 zhíbèi
生日 shēngrì	稿纸 gǎozhǐ	常识 chángshí	汪洋 wāngyáng	厉害 lì · hai
辽阔 liáokuò	蹂躏 róulìn	肥料 féiliào	有的放矢 yǒudì-fàngshǐ	

三、朗读短文（400个音节，限时4分钟，共30分）

作品50号

四、命题说话（请在下列话题中任选一个，限时3分钟，共40分）

1. 谈谈对环境保护的认识
2. 谈谈社会公德（或职业道德）

试卷四十五

一、读单音节字词（100 个音节，限时 3.5 分钟，共 10 分）

醉 zuì	袁 Yuán	胃 wèi	杀 shā	泡 pào	略 lüè	举 jǔ	羔 gāo	搀 chān	窦 dòu
旺 wàng	塞 sāi	爬 pá	缕 lǚ	左 zuǒ	与 yǔ	九 jiǔ	蹭 cèng	叮 dīng	梗 gěng
拧 nǐng	邻 lín	纵 zòng	尤 yóu	万 wàn	乖 guāi	貂 diāo	肉 ròu	惊 jīng	睬 cǎi
吐 tǔ	绕 rào	议 yì	牛 niú	主 zhǔ	棍 gùn	劳 láo	界 jiè	嫡 dí	埠 bù
透 tòu	走 zǒu	扔 rēng	音 yīn	弄 nòng	例 lì	铂 bó	枫 fēng	醋 cù	焦 jiāo
藤 téng	枪 qiāng	女 nǚ	准 zhǔn	厌 yàn	祠 cí	匾 biǎn	集 jí	阀 fá	卡 kǎ
碎 suì	砌 qì	鄙 bǐ	徐 xú	焚 fén	刻 kè	毁 huǐ	众 zhòng	筹 chóu	能 néng
木 mù	哭 kū	锌 xīn	说 shuō	镇 zhèn	疤 bā	盾 dùn	斥 chì	户 hù	琼 qióng
小 xiǎo	招 zhāo	贫 pín	柏 bǎi	竖 shù	矿 kuàng	逞 chěng	厚 hòu	兑 duì	冒 mào
苞 bāo	彭 Péng	骂 mà	君 jūn	赃 zāng	物 wù	镀 dù	彻 chè	黄 huáng	使 shǐ

二、读多音节词语（100 个音节，限时 2.5 分钟，共 20 分）

崇拜 chóngbài	躲藏 duǒcáng	国务院 guówùyuàn	鞋带儿 xiédàir	摸索 mō · suǒ
强度 qiángdù	突击 tūjī	不便 bùbiàn	犯罪 fànzuì	开玩笑 kāiwánxiào
核桃 hé · tao	破产 pòchǎn	波谷 bōgǔ	债务 zhàiwù	指标 zhǐbiāo
蚊子 wén · zi	操纵 cāozòng	复辟 fùbì	客观 kèguān	盆地 péndì
衰变 shuāibiàn	迷信 míxìn	首选 shǒuxuǎn	村庄 cūnzhuāng	灰尘 huīchén
脸蛋儿 liǎndànr	热烈 rèliè	无穷 wúqióng	柳树 liǔshù	长期 chángqī
秧歌 yāng · ge	高温 gāowēn	落后 luòhòu	饲料 sìliào	趋势 qūshì
拒绝 jùjué	管理 guǎnlǐ	抬头 táitóu	那里 nà · lǐ	人群 rénqún
牙刷儿 yáshuār	线段 xiànduàn	港口 gǎngkǒu	绝着儿 juézhāor	的确 díquè
骄傲 jiāo'ào	早日 zǎorì	扫荡 sǎodàng	难题 nántí	

三、朗读短文（400 个音节，限时 4 分钟，共 30 分）

作品 17 号

四、命题说话（请在下列话题中任选一个，限时 3 分钟，共 40 分）

1. 我喜爱的文学(或其他艺术形式)

2. 谈谈科技发展与社会生活

试卷四十六

一、读单音节字词（100 个音节，限时 3.5 分钟，共 10 分）

能néng	里lǐ	座zuò	象xiàng	人rén	谎huǎng	缩suō	贷dài	盏zhǎn	晨chén
罪zuì	虾xiā	随suí	群qún	咱zán	宁níng	惨cǎn	类lèi	喙huì	蹈dǎo
双shuāng	捆kǔn	气qì	组zǔ	圆yuán	屋wū	某mǒu	郝Hǎo	赌dǔ	驳bó
予yǔ	总zǒng	挽wǎn	命mìng	瘦shòu	遣qiǎn	钝dùn	哭kū	糊hú	黯àn
歪wāi	仕shì	敲qiāo	幼yòu	苗miáo	庄zhuāng	啃kěn	掰bāi	巅diān	柜guì
袄ǎo	勾gōu	诸zhū	尚shàng	披pī	用yòng	退tuì	瞒mán	翠cuì	嚼jiáo
皱zhòu	艺yì	扫sǎo	涂tú	蠢chǔn	靶bǎ	论lùn	骗piàn	杠gàng	卷juǎn
赛sài	中zhōng	拍pāi	偷tōu	盐yán	胞bāo	掺chān	举jǔ	拂fú	搂lǒu
熔róng	绷bēng	植zhí	袖xiù	加jiā	妃fēi	疮chuāng	天tiān	鲁lǔ	偶ǒu
形xíng	逃táo	痹bì	逢féng	戒jiè	震zhèn	葱cōng	农nóng	来lái	嚷rǎng

二、读多音节词语（100 个音节，限时 2.5 分钟，共 20 分）

龙眼lóngyǎn	厌世yànshì	保持bǎochí	肃穆sùmù	老伴儿lǎobànr
恰巧qiàqiǎo	赋税fùshuì	卤水lǔshuǐ	装修zhuāngxiū	舅舅jiù · jiu
围墙wéiqiáng	入门rùmén	尿素niàosù	矜持jīnchí	火罐儿huǒguànr
硬币yìngbì	收工shōugōng	骨髓gǔsuǐ	破绽pòzhàn	反刍fǎnchú
昆曲kūnqǔ	真相zhēnxiàng	无赖wúlài	食物链shíwùliàn	让位ràngwèi
体操tǐcāo	迷惘míwǎng	烘托hōngtuō	削价xuējià	总管zǒngguǎn
补丁bǔ · ding	殴打ōudǎ	康复kāngfù	一块儿yīkuàir	篡改cuàngǎi
责成zéchéng	桃李táolǐ	清白qīngbái	打球dǎqiú	毛驴máolǘ
骗子piàn · zi	广袤guǎngmào	闹市nàoshì	典礼diǎnlǐ	果冻儿guǒdòngr
大理石dàlǐshí	洒脱sǎtuō	惩戒chéngjiè	爵士juéshì	

三、朗读短文（400 个音节，限时 4 分钟，共 30 分）

作品 5 号

四、命题说话（请在下列话题中任选一个，限时 3 分钟，共 40 分）

1. 购物(消费)的感受

2. 谈谈卫生与健康

试卷四十七

一、读单音节字词（100 个音节，限时 3.5 分钟，共 10 分）

河 hé	科 kē	阿 ā	冲 chōng	粉 fěn	眯 mī	泼 pō	晌 shǎng	烫 tàng	扬 yáng
唇 chún	钩 gōu	把 bǎ	既 jì	立 lì	云 yún	尾 wěi	沫 mò	掐 qiā	枢 shū
还 hái	爱 ài	落 luò	串 chuàn	腰 yāo	启 qǐ	驶 shǐ	佛 fó	眠 mián	汪 wāng
班 bān	大 dà	功 gōng	尽 jìn	老 lǎo	帅 shuài	勿 wù	恼 nǎo	音 yīn	扦 qiān
代 dài	股 gǔ	居 jū	包 bāo	氯 lǜ	镍 niè	在 zài	蒜 suàn	箱 xiāng	绒 róng
干 gàn	浇 jiāo	梁 liáng	拈 niān	棒 bàng	耸 sǒng	细 xì	当 dāng	蜷 quán	砸 zá
猜 cāi	单 dān	陷 xiàn	惯 guàn	窄 zhǎi	润 rùn	铁 tiě	卡 kǎ	卵 luǎn	帕 pà
涩 sè	亭 tíng	曾 céng	走 zǒu	混 hún	跨 kuà	霉 méi	聘 pìn	严 yán	反 fǎn
哈 hā	肯 kěn	遮 zhē	冻 dòng	畔 pàn	残 cán	蕊 ruǐ	同 tóng	斜 xié	曼 màn
坯 pī	腮 sāi	肺 fèi	滞 zhì	吃 chī	空 kōng	寻 xún	卯 mǎo	疼 téng	害 hài

二、读多音节词语（100 个音节，限时 2.5 分钟，共 20 分）

言辞 yáncí	了结 liǎojié	受伤 shòushāng	青蛙 qīngwā	记事儿 jìshìr
刻画 kèhuà	灯光 dēngguāng	打扰 dǎrǎo	印染 yìnrǎn	份儿 fènr
图书 túshū	缺陷 quēxiàn	分歧 fēnqí	掠夺 lüèduó	轴线 zhóuxiàn
梧桐 wútóng	皇上 huáng · shang	保险 bǎoxiǎn	散发 sànfā	难怪 nánguài
过年 guò · nián	街坊 jiē · fang	蚱蜢 zhàměng	协奏曲 xiézòuqǔ	然后 ránhòu
贬义 biǎnyì	工会 gōnghuì	能力 nénglì	灾情 zāiqíng	调节 tiáojié
容纳 róngnà	麻烦 má · fan	喘气 chuǎnqì	没落 mòluò	飞机 fēijī
吼叫 hǒujiào	炫耀 xuànyào	思维 sīwéi	做活儿 zuòhuór	庞大 pángdà
困境 kùnjìng	参数 cānshù	儿媳妇儿 érxí · fur	品格 pǐngé	外婆 wàipó
深夜 shēnyè	承包 chéngbāo	监狱 jiānyù	片面 piànmiàn	

三、朗读短文（400 个音节，限时 4 分钟，共 30 分）

作品 45 号

四、命题说话（请在下列话题中任选一个，限时 3 分钟，共 40 分）

1. 难忘的旅行

2. 我和体育

试卷四十八

一、读单音节字词（100 个音节，限时 3.5 分钟，共 10 分）

肥 féi	皴 cūn	嫡 dí	晒 shài	砍 kǎn	缝 féng	害 hài	扎 zhā	坤 kūn	卫 wèi
爱 ài	嫌 xián	迭 dié	丙 bǐng	人 rén	永 yǒng	培 péi	鼓 gǔ	罗 luó	斋 zhāi
二 èr	卒 zú	该 gāi	欧 ōu	困 kùn	略 lüè	怨 yuàn	昂 áng	渍 zì	如 rú
帛 bó	怕 pà	特 tè	读 dú	硅 guī	润 rùn	块 kuài	段 duàn	涌 yǒng	纳 nà
绪 xù	宝 bǎo	蜜 mì	龚 Gōng	温 wēn	垫 diàn	富 fù	界 jiè	囚 qiú	做 zuò
红 hóng	鼠 shǔ	姚 Yáo	盏 zhǎn	侧 cè	谋 móu	仙 xiān	骂 mà	葛 Gě	身 shēn
况 kuàng	味 wèi	晓 xiǎo	辟 pì	穗 suì	锄 chú	墨 mò	夺 duó	荚 jiá	享 xiǎng
菊 jú	刹 chà	镶 xiāng	哪 nǎ	阎 Yán	筒 tǒng	津 jīn	点 diǎn	拴 shuān	喉 hóu
癣 xuǎn	淘 táo	缺 quē	即 jí	灌 guàn	琴 qín	绺 liǔ	藏 cáng	凝 níng	壶 hú
瞪 dèng	曳 yè	琼 qióng	锁 suǒ	氯 lǜ	突 tū	撑 chēng	啄 zhuó	草 cǎo	馆 guǎn

二、读多音节词语（100 个音节，限时 2.5 分钟，共 20 分）

胆小鬼 dǎnxiǎoguǐ	恶劣 èliè	俊美 jùnměi	茫然 mángrán	喇叭 lǎ · ba
沙漠 shāmò	微观 wēiguān	杂院儿 záyuànr	宠儿 chǒng'ér	穷人 qióngrén
来源 láiyuán	譬如 pìrú	淘汰 táotài	照顾 zhàogù	场景 chǎngjǐng
柑橘 gānjú	小辫儿 xiǎobiànr	空虚 kōngxū	增强 zēngqiáng	随意 suíyì
评价 píngjià	番茄 fānqié	耳朵 ěr · duo	胶片 jiāopiàn	年度 niándù
匕首 bǐshǒu	甚至 shènzhì	心血 xīnxuè	秧歌 yāng · ge	采访 cǎifǎng
绯红 fēihóng	看望 kànwàng	凝聚 níngjù	饲养 sìyǎng	盈利 yínglì
寒噤 hánjìn	高跟儿鞋 gāogēnrxié	千克 qiānkè	如何 rúhé	璀璨 cuǐcàn
证据 zhèngjù	团员 tuányuán	导向 dǎoxiàng	黄疸 huángdǎn	面貌 miànmào
被窝儿 bèiwōr	日常 rìcháng	无效 wúxiào	足球 zúqiú	

三、朗读短文（400 个音节，限时 4 分钟，共 30 分）

作品 12 号

四、命题说话（请在下列话题中任选一个，限时 3 分钟，共 40 分）

1. 我喜爱的书刊

2. 童年的记忆

试卷四十九

一、读单音节字词（100 个音节，限时 3.5 分钟，共 10 分）

淡 dàn	辈 bèi	刚 gāng	汇 huì	烤 kǎo	提 tí	眸 móu	劈 pī	散 sàn	乙 yǐ
告 gào	火 huǒ	地 dì	鼻 bí	魔 mó	掐 qiā	枯 kū	洒 sǎ	隐 yǐn	厅 tīng
兵 bīng	碘 diǎn	激 jī	愧 kuì	描 miáo	羽 yǔ	搁 gē	契 qì	凸 tū	社 shè
嫁 jià	辣 là	捺 nà	愿 yuàn	步 bù	拖 tuō	定 dìng	拐 guǎi	式 shì	签 qiān
插 chā	堆 duī	归 guī	皆 jiē	癞 lài	溺 nì	裙 qún	水 shuǐ	外 wài	栽 zāi
喊 hǎn	劲 jìn	镰 lián	肠 cháng	夺 duó	吻 wěn	藻 zǎo	窍 qiào	摔 shuāi	拗 niù
茧 jiǎn	则 zé	趁 chèn	发 fā	号 hào	奴 nú	趣 qù	梳 shū	险 xiǎn	劣 liè
伶 líng	此 cǐ	剖 pōu	锡 xī	泛 fàn	掌 zhǎng	刃 rèn	恒 héng	艘 sōu	句 jù
揩 kāi	锚 máo	孙 sūn	找 zhǎo	蜂 fēng	刑 xíng	柔 róu	寸 cùn	圃 pǔ	洪 hóng
泊 pō	荣 róng	专 zhuān	化 huà	堪 kān	兄 xiōng	募 mù	凑 còu	摊 tān	夫 fū

二、读多音节词语（100 个音节，限时 2.5 分钟，共 20 分）

提成儿 tíchéngr	撤销 chèxiāo	火焰 huǒyàn	蚂蚁 mǎyǐ	全球 quánqiú
洋葱 yángcōng	滋补 zībǔ	本领 běnlǐng	方法论 fāngfǎlùn	肯定 kěndìng
太太 tài · tai	批评 pīpíng	生长 shēngzhǎng	歇脚 xiējiǎo	中央 zhōngyāng
典型 diǎnxíng	奖励 jiǎnglì	耐心 nàixīn	若干 ruògān	亡灵 wánglíng
花瓶儿 huāpíngr	剥削 bōxuē	高中 gāozhōng	理想 lǐxiǎng	念叨 niàn · dao
拼命 pīnmìng	司机 sījī	一概 yīgài	参观 cānguān	领土 lǐngtǔ
鼓舞 gǔwǔ	用户 yònghù	似乎 sìhū	大方 dà · fang	祈求 qíqiú
从小 cóngxiǎo	金刚石 jīngāngshí	真实 zhēnshí	挑刺儿 tiāocìr	热爱 rè' ài
卫星 wèixīng	灭亡 mièwáng	范畴 fànchóu	克服 kèfú	女工 nǚgōng
上山 shàngshān	加油儿 jiāyóur	走向 zǒuxiàng	逍遥 xiāoyáo	

三、朗读短文（400 个音节，限时 4 分钟，共 30 分）

作品 55 号

四、命题说话（请在下列话题中任选一个，限时 3 分钟，共 40 分）

1. 我知道的风俗

2. 我尊敬的人

试卷五十

一、读单音节字词（100 个音节，限时 3.5 分钟，共 10 分）

堡 bǎo	揣 chuāi	酚 fēn	毫 háo	节 jié	录 lù	潘 Pān	时 shí	员 yuán	喂 wèi
昂 áng	矩 jǔ	丞 chéng	筏 fá	焊 hàn	仍 réng	问 wèn	拢 lǒng	喷 pēn	饮 yǐn
醋 cù	卑 bēi	孵 fū	拥 yōng	褐 hè	境 jìng	满 mǎn	泡 pào	弯 wān	授 shòu
糕 gāo	浑 hún	蔽 bì	典 diǎn	贼 zéi	纳 nà	秋 qiū	体 tǐ	下 xià	口 kǒu
桦 huà	扛 káng	脆 cuì	该 gāi	绷 bēng	煤 méi	习 xí	载 zài	拴 shuān	片 piàn
缎 duàn	慧 huì	擀 gǎn	输 shū	跨 kuà	造 zào	滨 bīn	倾 qīng	现 xiàn	膜 mó
苍 cāng	陡 dǒu	豁 huō	浪 làng	怒 nù	效 xiào	罐 guàn	泉 quán	痰 tán	涨 zhǎng
姬 jī	督 dū	阁 gé	畅 chàng	冷 lěng	真 zhēn	铅 qiān	铜 tóng	许 xǔ	捏 niē
剿 jiǎo	棍 gùn	煎 jiān	州 zhōu	蝶 dié	囊 náng	染 rǎn	土 tǔ	穴 xué	俩 liǎ
仁 rén	卧 wò	兑 duì	氦 hài	辰 chén	止 zhǐ	料 liào	爬 pá	咬 yǎo	犟 jiàng

二、读多音节词语（100 个音节，限时 2.5 分钟，共 20 分）

吃饭 chīfàn	警犬 jǐngquǎn	香肠儿 xiāngchángr	女儿 nǚ'ér	自行车 zìxíngchē
微观 wēiguān	任意 rènyì	宝剑 bǎojiàn	不在乎 bùzàihu	感想 gǎnxiǎng
理性 lǐxìng	潜力 qiánlì	坦克 tǎnkè	优惠 yōuhuì	夹缝儿 jiāfèngr
征服 zhēngfú	扣押 kòuyā	普遍 pǔbiàn	思路 sīlù	夜间 yèjiān
父母 fùmǔ	膏药 gāo · yao	马路 mǎlù	火种 huǒzhǒng	流域 liúyù
取得 qǔdé	天主教 Tiānzhǔjiào	在于 zàiyú	草莓 cǎoméi	候鸟 hòuniǎo
名称 míngchēng	商量 shāng · liang	柔和 róuhé	灾难 zāinàn	玩笑 wánxiào
垂钓 chuídiào	举止 jǔzhǐ	治疗 zhìliáo	扫荡 sǎodàng	打转儿 dǎzhuànr
行星 xíngxīng	泥土 nítǔ	发酵 fājiào	状况 zhuàngkuàng	赔偿 péicháng
审判 shěnpàn	鸦片 yāpiàn	蛋黄儿 dànhuángr	渴求 kěqiú	

三、朗读短文（400 个音节，限时 4 分钟，共 30 分）

作品 40 号

四、命题说话（请在下列话题中任选一个，限时 3 分钟，共 40 分）

1. 谈谈个人修养

2. 谈谈社会公德（或职业道德）

试卷五十一

一、读单音节字词（100 个音节，限时 3.5 分钟，共 10 分）

贬 biǎn	鼎 dǐng	轨 guǐ	拿 ná	炉 lú	假 jiǎ	田 tián	且 qiě	也 yě	实 shí
搓 cuō	葛 Gě	庵 ān	颈 jǐng	林 lín	免 miǎn	遣 qiǎn	杀 shā	替 tì	消 xiāo
晒 shài	丹 dān	估 gū	鳌 áo	穷 qióng	捡 jiǎn	凉 liáng	拟 nǐ	旋 xuán	掏 tāo
尿 niào	清 qīng	梆 bāng	档 dàng	贡 gòng	甚 shèn	金 jīn	透 tòu	令 lìng	养 yǎng
赚 zhuàn	咳 ké	捶 chuí	磨 mó	邪 xié	曲 qǔ	购 gòu	三 sān	隋 Suí	祸 huò
铲 chǎn	鳃 sāi	哄 hǒng	纺 fǎng	苦 kǔ	斯 sī	吸 xī	自 zì	碰 pèng	枚 méi
函 hán	鬓 bìn	踱 duó	旅 lǚ	寄 jì	收 shōu	浓 nóng	炎 yán	图 tú	让 ràng
饵 ěr	鹤 hè	据 jù	络 luò	帛 bó	陪 péi	惹 rě	竖 shù	歪 wāi	葬 zàng
麦 mài	者 zhě	策 cè	认 rèn	卡 kǎ	稳 wěn	说 shuō	乏 fá	杭 háng	飘 piāo
虹 hóng	筐 kuāng	松 sōng	帽 mào	平 píng	挽 wǎn	揉 róu	刹 chà	氟 fú	轴 zhóu

二、读多音节词语（100 个音节，限时 2.5 分钟，共 20 分）

杏儿 xìngr	惭愧 cánkuì	恶作剧 èzuòjù	矿产 kuàngchǎn	农田 nóngtián
丧失 sàngshī	仪器 yíqì	辩论 biànlùn	新颖 xīnyǐng	忠诚 zhōngchéng
片面 piànmiàn	逗乐儿 dòulèr	属于 shǔyú	理解 lǐjiě	反省 fǎnxǐng
腊梅 làméi	勇气 yǒngqì	刀背儿 dāobèir	不啻 bùchì	失败 shībài
炮弹 pàodàn	绰号 chuòhào	点心 diǎn · xin	几何 jǐhé	盎然 àngrán
牡蛎 mǔlì	区别 qūbié	太空 tàikōng	百灵 bǎilíng	腐朽 fǔxiǔ
尽管 jǐnguǎn	年代 niándài	姑娘 gū · niang	退化 tuìhuà	人均 rénjūn
蚊子 wén · zi	此起彼伏 cǐqǐ-bǐfú	规律 guīlǜ	坎坷 kǎnkě	那些 nàxiē
荣誉 róngyù	违法 wéifǎ	忏悔 chànhuǐ	遵循 zūnxún	渺小 miǎoxiǎo
抢救 qiǎngjiù	搜集 sōují	火星儿 huǒxīngr	横向 héngxiàng	

三、朗读短文（400 个音节，限时 4 分钟，共 30 分）

作品 31 号

四、命题说话（请在下列话题中任选一个，限时 3 分钟，共 40 分）

1. 谈谈服饰

2. 我的愿望（或理想）

试卷五十二

一、读单音节字词（100 个音节，限时 3.5 分钟，共 10 分）

爪 zhǎo	赞 zàn	膝 xī	算 suàn	任 rèn	暖 nuǎn	开 kāi	黄 huáng	察 chá	方 fāng
衰 shuāi	允 yǔn	会 huì	伍 wǔ	能 néng	绕 rào	科 kē	拽 zhuài	蹲 dūn	册 cè
吻 wěn	阅 yuè	爽 shuǎng	却 què	赘 zhuì	鸟 niǎo	操 cāo	多 duō	快 kuài	很 hěn
郁 yù	牵 qiān	丸 wán	售 shòu	怒 nù	穿 chuān	撮 cuō	断 duàn	怀 huái	阔 kuò
攥 zuàn	佑 yòu	妥 tuǒ	瞧 qiáo	忙 máng	菌 jūn	郭 guō	逝 shì	瞪 dèng	重 zhòng
忆 yì	朕 zhèn	捎 shāo	屯 tún	孟 mèng	袋 dài	绝 jué	穷 qióng	怪 guài	瓣 bàn
谱 pǔ	汛 xùn	剃 tì	禅 chán	炙 zhì	逼 bī	九 jiǔ	顾 gù	此 cǐ	墓 mù
缫 sāo	别 bié	封 fēng	窜 cuàn	舟 zhōu	宣 xuān	钛 tài	匹 pǐ	兰 lán	京 jīng
泻 xiè	斋 zhāi	饼 bǐng	浆 jiāng	颂 sòng	肉 ròu	告 gào	抽 chōu	离 lí	评 píng
炼 liàn	迫 pò	硝 xiāo	祀 sì	白 bái	货 huò	分 fēn	巢 cháo	仄 zè	软 ruǎn

二、读多音节词语（100 个音节，限时 2.5 分钟，共 20 分）

保管 bǎoguǎn	单调 dāndiào	口语 kǒuyǔ	棒槌 bàng · chui	破坏 pòhuài
生命力 shēngmìnglì	由衷 yóuzhōng	壶盖儿 húgàir	磁场 cíchǎng	管辖 guǎnxiá
了不起 liǎo · buqǐ	斟酌 zhēnzhuó	无垠 wúyín	恰当 qiàdàng	洒脱 sǎtuō
反射 fǎnshè	福气 fú · qi	可怜 kělián	应征 yìngzhēng	膨胀 péngzhàng
坦白 tǎnbái	长久 chángjiǔ	摸黑儿 mōhēir	火车 huǒchē	装潢 zhuānghuáng
燃烧 ránshāo	味觉 wèijué	萌发 méngfā	阐述 chǎnshù	给以 gěiyǐ
幌子 huǎng · zi	类似 lèisì	前方 qiánfāng	投诉 tóusù	赞颂 zànsòng
措施 cuòshī	自满 zìmǎn	难免 nánmiǎn	认为 rènwéi	席卷 xíjuǎn
主角儿 zhǔjuér	讲演 jiǎngyǎn	租用 zūyòng	砂轮儿 shālúnr	的确 díquè
脚掌 jiǎozhǎng	扭转 niǔzhuǎn	锁链 suǒliàn	幸存 xìngcún	

三、朗读短文（400 个音节，限时 4 分钟，共 30 分）

作品 40 号

四、命题说话（请在下列话题中任选一个，限时 3 分钟，共 40 分）

1. 我的家乡（或熟悉的地方）

2. 我的朋友

试卷五十三

一、读单音节字词（100 个音节，限时 3.5 分钟，共 10 分）

滋 zī	禹 Yǔ	瓮 wèng	所 suǒ	枪 qiāng	南 nán	捆 kǔn	和 hé	扯 chě	丢 diū
壅 yōng	锥 zhuī	麻 má	乌 wū	坑 kēng	树 shù	求 qiú	罢 bà	当 dāng	光 guāng
涡 wō	狂 kuáng	殷 yīn	滚 gǔn	大 dà	冢 zhǒng	丝 sī	凭 píng	美 měi	捕 bǔ
霜 shuāng	拓 tuò	胚 pēi	诏 zhào	命 mìng	扁 biǎn	雇 gù	叠 dié	曳 yè	卷 juǎn
旁 páng	舀 yǎo	奔 bēn	吞 tūn	世 shì	赠 zèng	觉 jiào	共 gòng	凑 còu	笼 lóng
罗 luó	薰 xūn	蜕 tuì	人 rén	坡 pō	铡 zhá	旧 jiù	佛 fó	窜 cuàn	安 ān
接 jiē	燥 zào	负 fù	持 chí	绪 xù	淌 tǎng	日 rì	年 nián	铃 líng	率 lǜ
晕 yūn	艇 tǐng	超 chāo	饷 xiǎng	蓝 lán	家 jiā	奶 nǎi	飞 fēi	绕 rào	咸 xián
撰 zhuàn	酸 suān	勤 qín	诱 yòu	伟 wěi	某 mǒu	客 kè	耗 hào	杜 dù	曹 cáo
房 fáng	惜 xī	潭 tán	气 qì	信 xìn	凉 liáng	黑 hēi	垣 yuán	拆 chāi	您 nín

二、读多音节词语（100 个音节，限时 2.5 分钟，共 20 分）

栽培 zāipéi	林子 lín · zi	福利 fúlì	勘探 kāntàn	企图 qǐtú
痛楚 tòngchǔ	波浪 bōlàng	摆脱 bǎituō	导演 dǎoyǎn	拳头 quán · tóu
机器人 jī · qìrén	普及 pǔjí	调停 tiáo · tíng	银行 yínháng	村庄 cūnzhuāng
差点儿 chàdiǎnr	国情 guóqíng	指点 zhǐdiǎn	人品 rénpǐn	网络 wǎngluò
勉强 miǎnqiǎng	采购 cǎigòu	战壕 zhànháo	老板 lǎobǎn	溶剂 róngjì
吓唬 xià · hu	侮辱 wǔrǔ	可是 kěshì	常规 chángguī	黄昏 huánghūn
女子 nǚzǐ	纽扣儿 niǔkòur	射线 shèxiàn	阻挡 zǔdǎng	延伸 yánshēn
举动 jǔdòng	赶紧 gǎnjǐn	送信儿 sòngxìnr	毛巾 máojīn	主宰 zhǔzǎi
小伙子 xiǎohuǒ · zi	所属 suǒshǔ	打仗 dǎzhàng	缓慢 huǎnmàn	排放 páifàng
事故 shìgù	阅读 yuèdú	粉末儿 fěnmòr	做戏 zuòxì	

三、朗读短文（400 个音节，限时 4 分钟，共 30 分）

作品 29 号

四、命题说话（请在下列话题中任选一个，限时 3 分钟，共 40 分）

1. 我喜爱的职业

2. 谈谈美食

试卷五十四

一、读单音节字词（100 个音节，限时 3.5 分钟，共 10 分）

拽 zhuài	哑 yǎ	瘟 wēn	竖 shù	轻 qīng	鸟 niǎo	俩 liǎ	换 huàn	丰 fēng	粗 cū
份 fèn	标 biāo	吮 shǔn	铅 qiān	你 nǐ	溜 liū	鸡 jī	咏 yǒng	刺 cì	韵 yùn
袜 wà	痒 yǎng	咒 zhòu	闪 shǎn	权 quán	幕 mù	开 kāi	城 chéng	耳 ěr	恒 héng
悦 yuè	镶 xiāng	梭 suō	柄 bǐng	欧 Ōu	轮 lún	借 jiè	耕 gēng	懂 dǒng	若 ruò
作 zuò	抛 pāo	溢 yì	苗 miáo	滕 Téng	傻 shǎ	闯 chuǎng	挥 huī	戴 dài	库 kù
妄 wàng	烛 zhú	升 shēng	趋 qū	颜 yán	农 nóng	卡 kǎ	哈 hā	插 chā	恩 ēn
拾 shí	靴 xuē	涛 tāo	侄 zhí	扒 bā	纯 chún	阔 kuò	怪 guài	但 dàn	买 mǎi
吹 chuī	迷 mí	携 xié	减 jiǎn	锅 guō	登 dēng	童 tóng	揉 róu	盅 zhōng	盆 pén
架 jià	秀 xiù	避 bì	然 rán	纳 nà	铝 lǚ	寓 yù	凡 fán	催 cuī	绥 suí
略 lüè	乳 rǔ	捧 pěng	经 jīng	择 zé	梯 tī	幸 xìng	割 gē	掉 diào	捕 bǔ

二、读多音节词语（100 个音节，限时 2.5 分钟，共 20 分）

补贴 bǔtiē	讽刺 fěngcì	帮手 bāng · shou	拒绝 jùjué	内心 nèixīn
日益 rìyì	伪善 wěishàn	小鞋儿 xiǎoxiér	抵制 dǐzhì	海湾 hǎiwān
美好 měihǎo	知己 zhījǐ	挑衅 tiǎoxìn	抢救 qiǎngjiù	暖和 nuǎn · huo
操纵 cāozòng	佛教 fójiào	苦恼 kǔnǎo	年轻 niánqīng	五谷 wǔgǔ
森林 sēnlín	导体 dǎotǐ	积累 jīlěi	阻隔 zǔgé	忍受 rěnshòu
蜜枣儿 mìzǎor	土匪 tǔfěi	敏感 mǐngǎn	创立 chuànglì	赶趟儿 gǎntàngr
感应 gǎnyìng	脸色 liǎnsè	剖面 pōumiàn	手榴弹 shǒuliúdàn	筵席 yánxí
观点 guāndiǎn	孔雀 kǒngquè	沉默 chénmò	云彩 yún · cai	遭殃 zāoyāng
湿润 shīrùn	雪茄 xuějiā	火山 huǒshān	此地 cǐdì	卵巢 luǎncháo
栅栏儿 zhà · lanr	凄凉 qīliáng	四处 sìchù	乒乓球 pīngpāngqiú	

三、朗读短文（400 个音节，限时 4 分钟，共 30 分）

作品 47 号

四、命题说话（请在下列话题中任选一个，限时 3 分钟，共 40 分）

1. 我喜爱的动物（或植物）

2. 我喜欢的节日

试卷五十五

一、读单音节字词（100 个音节，限时 3.5 分钟，共 10 分）

钻 zuàn	氧 yǎng	拖 tuō	术 shù	秦 Qín	拧 nǐng	乐 lè	厂 chǎng	发 fā	壶 hú
具 jù	石 shí	向 xiàng	头 tóu	篇 piān	馆 guǎn	睁 zhēng	丑 chǒu	氮 dàn	漏 lòu
要 yào	醉 zuì	面 miàn	跨 kuà	否 fǒu	团 tuán	授 shòu	劝 quàn	旱 hàn	擦 cā
徒 tú	悬 xuán	左 zuǒ	烧 shāo	确 què	骂 mà	款 kuǎn	财 cái	华 huá	跌 diē
寸 cùn	我 wǒ	背 bèi	灵 líng	艘 sōu	胶 jiāo	仁 rén	刚 gāng	壮 zhuàng	哪 nǎ
收 shōu	民 mín	看 kàn	训 xùn	藤 téng	走 zǒu	扑 pū	荒 huāng	德 dé	沉 chén
固 gù	夏 xià	穗 suì	软 ruǎn	偶 ǒu	章 zhāng	道 dào	陆 lù	军 jūn	办 bàn
影 yǐng	微 wēi	蹦 bèng	旗 qí	费 fèi	嫩 nèn	次 cì	离 lí	斤 jīn	刷 shuā
排 pái	滩 tān	僧 sēng	歇 xiē	治 zhì	梦 mèng	桂 guì	蹬 dēng	产 chǎn	课 kè
完 wán	运 yùn	孙 sūn	帮 bāng	囊 náng	柳 liǔ	浆 jiāng	给 gěi	从 cóng	容 róng

二、读多音节词语（100 个音节，限时 2.5 分钟，共 20 分）

场景 chǎngjǐng	恍然 huǎngrán	耐用 nàiyòng	肉体 ròutǐ	肚脐儿 dùqír
未必 wèibì	琢磨 zuó · mo	耳鸣 ěrmíng	嫁妆 jià · zhuang	饼干 bǐnggān
口水 kǒushuǐ	膨胀 péngzhàng	水果 shuǐguǒ	研制 yánzhì	笔法 bǐfǎ
杆菌 gǎnjūn	锄头 chú · tou	卡片 kǎpiàn	偶尔 ǒu'ěr	闪烁 shǎnshuò
修复 xiūfù	璀璨 cuǐcàn	河豚 hétún	棉球儿 miánqiúr	泯灭 mǐnmiè
种群 zhǒngqún	调节 tiáojié	请示 qǐngshì	晌午 shǎng · wǔ	苍穹 cāngqióng
法典 fǎdiǎn	脸谱 liǎnpǔ	配套 pèitào	引起 yǐnqǐ	损害 sǔnhài
辅导 fǔdǎo	减产 jiǎnchǎn	总体 zǒngtǐ	入学 rùxué	温暖 wēnnuǎn
耳膜儿 ěrmór	糯米 nuòmǐ	馅儿 xiànr	苟且 gǒuqiě	沦陷 lúnxiàn
迁移 qiānyí	倘若 tǎngruò	怎样 zěnyàng	大相径庭 dàxiāng-jìngtíng	

三、朗读短文（400 个音节，限时 4 分钟，共 30 分）

作品 27 号

四、命题说话（请在下列话题中任选一个，限时 3 分钟，共 40 分）

1. 我向往的地方

2. 我的学习生活

试卷五十六

一、读单音节字词（100 个音节，限时 3.5 分钟，共 10 分）

傲 ào	丞 chéng	扼 è	豪 háo	亏 kuī	马 mǎ	票 piào	扔 rēng	素 sù	削 xuē
疤 bā	亩 mǔ	若 ruò	怕 pà	熊 xióng	烦 fán	春 chōng	壑 hè	课 kè	岁 suì
踹 chuài	柏 bǎi	愤 fèn	胖 pàng	烘 hōng	抗 kàng	如 rú	谋 móu	它 tā	依 yī
凤 fèng	瓷 cí	脱 tuō	蚌 bàng	妙 miào	空 kōng	痕 hén	贫 pín	沿 yán	撒 sǎ
话 huà	天 tiān	俘 fú	锉 cuò	狂 kuáng	门 mén	扫 sǎo	尤 yóu	泵 bèng	渠 qú
浪 làng	逮 dǎi	赣 Gàn	尖 jiān	毕 bì	暂 zàn	弃 qì	挖 wā	三 sān	暖 nuǎn
裁 cái	女 nǚ	迁 qiān	凳 dèng	商 shāng	缸 gāng	奖 jiǎng	遭 zāo	纹 wén	冷 lěng
尿 niào	勤 qín	档 dàng	势 shì	汪 wāng	遮 zhē	惨 cǎn	羹 gēng	邻 lín	截 jié
穷 qióng	堤 dī	钟 zhōng	浸 jìn	量 liàng	谁 shuí	能 néng	颤 chàn	息 xī	寡 guǎ
说 shuō	燃 rán	倡 chàng	享 xiǎng	轴 zhóu	憾 hàn	句 jù	裂 liè	牛 niú	殿 diàn

二、读多音节词语（100 个音节，限时 2.5 分钟，共 20 分）

财务 cáiwù	反对 fǎnduì	口角 kǒujiǎo	星星 xīng · xing	普选 pǔxuǎn
愉快 yúkuài	手术 shǒushù	海岛 hǎidǎo	耳垂儿 ěrchuír	珍珠 zhēnzhū
出发点 chūfādiǎn	容许 róngxǔ	土匪 tǔfěi	嫩绿 nènlǜ	待遇 dàiyù
给养 jǐyǎng	暖瓶 nuǎnpíng	如意 rúyì	问世 wènshì	墨汁儿 mòzhīr
资源 zīyuán	补充 bǔchōng	单一 dānyī	跟头 gēn · tou	禁锢 jìngù
讴歌 ōugē	摔跤 shuāijiāo	违背 wéibèi	缅怀 miǎnhuái	杀戮 shālù
钦差 qīnchāi	崭新 zhǎnxīn	只好 zhǐhǎo	产量 chǎnliàng	弹性 tánxìng
妇女 fùnǚ	喇叭 lǎ · ba	保险 bǎoxiǎn	瞌睡 kēshuì	泡菜 pàocài
丝毫 sīháo	摇晃 yáo · huàng	感慨 gǎnkǎi	沉淀 chéndiàn	联盟 liánméng
漆黑 qīhēi	花盆儿 huāpénr	随时 suíshí	小人儿书 xiǎorénrshū	

三、朗读短文（400 个音节，限时 4 分钟，共 30 分）

作品 35 号

四、命题说话（请在下列话题中任选一个，限时 3 分钟，共 40 分）

1. 我的业余生活

2. 学习普通话的体会

试卷五十七

一、读单音节字词（100 个音节，限时 3.5 分钟，共 10 分）

崔 Cuī	躬 gōng	碱 jiǎn	拌 bàn	乱 luàn	怒 nù	秋 qiū	书 shū	仙 xiān	掌 zhǎng
掸 dǎn	刨 páo	脓 nóng	骑 qí	垢 gòu	计 jì	缕 lǚ	推 tuī	招 zhāo	心 xīn
乖 guāi	捣 dǎo	嫁 jià	膘 biāo	鲁 lǔ	振 zhèn	扭 niǔ	醒 xǐng	让 ràng	陶 táo
埠 bù	笛 dí	憨 hān	较 jiào	皱 zhòu	龙 lóng	宁 níng	特 tè	学 xué	惹 rě
憋 biē	狠 hěn	日 rì	犊 dú	填 tián	晶 jīng	卖 mài	砖 zhuān	咽 yān	娘 niáng
策 cè	扣 kòu	也 yě	阀 fá	糊 hú	铺 pū	奏 zòu	赛 sài	无 wú	帽 mào
杈 chā	焚 fén	桦 huà	考 kǎo	每 měi	瓦 wǎ	异 yì	颇 pō	婶 shěn	组 zǔ
衬 chèn	淮 Huái	做 zuò	蜜 mì	仿 fǎng	凭 píng	双 shuāng	歪 wāi	于 yú	宽 kuān
攒 zǎn	缚 fù	辉 huī	络 luò	免 miǎn	脾 pí	宿 sù	晚 wǎn	再 zài	虚 xū
醋 cù	阁 gé	均 jūn	围 wéi	贼 zéi	论 lùn	鸣 míng	欠 qiàn	私 sī	条 tiáo

二、读多音节词语（100 个音节，限时 2.5 分钟，共 20 分）

此刻 cǐkè	冰棍儿 bīnggùnr	甲板 jiǎbǎn	猛兽 měngshòu	浅显 qiǎnxiǎn
陀螺 tuóluó	足以 zúyǐ	叫唤 jiào · huan	侧面 cèmiàn	官僚 guānliáo
领海 lǐnghǎi	猫头鹰 māotóuyīng	手稿 shǒugǎo	想必 xiǎngbì	宝石 bǎoshí
簸箕 bò · ji	粉碎 fěnsuì	开幕 kāimù	殴打 ōudǎ	撒手 sāshǒu
婉转 wǎnzhuǎn	常数 chángshù	改编 gǎibiān	火候 huǒ · hou	老天爷 lǎotiānyé
媲美 pìměi	筛选 shāixuǎn	臃肿 yōngzhǒng	法人 fǎrén	肯定 kěndìng
虐待 nüèdài	转动 zhuàndòng	往返 wǎngfǎn	荣耀 róngyào	豆角儿 dòujiǎor
顿时 dùnshí	罪犯 zuìfàn	囊括 nángkuò	脂肪 zhīfáng	小葱儿 xiǎocōngr
瞳孔 tóngkǒng	忍痛 rěntòng	沉着 chénzhuó	黄金 huángjīn	挨个儿 āigèr
玛瑙 mǎnǎo	起草 qǐcǎo	殷红 yānhóng	蓑衣 suōyī	

三、朗读短文（400 个音节，限时 4 分钟，共 30 分）

作品 37 号

四、命题说话（请在下列话题中任选一个，限时 3 分钟，共 40 分）

1. 我喜欢的季节（或天气）

2. 我的成长之路

试卷五十八

一、读单音节字词（100 个音节，限时 3.5 分钟，共 10 分）

臂 bì	达 dá	腹 fù	吉 jí	烙 lào	挠 náo	桥 qiáo	舍 shě	为 wéi	优 yōu
蛋 dàn	椒 jiāo	吏 lì	不 bù	尼 ní	钱 qián	师 shī	盖 gài	映 yìng	外 wài
告 gào	鞭 biān	党 dǎng	捻 niǎn	筋 jīn	怜 lián	吾 wú	甚 shèn	区 qū	砸 zá
揪 jiū	标 biāo	够 gòu	掳 lǔ	啮 niè	敌 dí	让 ràng	债 zhài	洗 xǐ	室 shì
抡 lūn	揩 kāi	波 bō	订 dìng	官 guān	藕 ǒu	睡 shuì	显 xiǎn	灶 zào	忍 rěn
程 chéng	鹅 é	汗 hàn	刊 kān	蟒 mǎng	症 zhèng	些 xiē	揉 róu	酸 suān	帕 pà
织 zhī	扯 chě	儿 ér	毁 huǐ	扩 kuò	畔 pàn	弱 ruò	缩 suō	新 xīn	媒 méi
洒 sǎ	虎 hǔ	饭 fàn	终 zhōng	除 chú	觅 mì	剖 pōu	汤 tāng	言 yán	抠 kōu
踢 tī	蔑 miè	窜 cuàn	发 fā	仆 pú	间 jiān	洋 yáng	僧 sēng	酷 kù	逐 zhú
遗 yí	滥 làn	肥 féi	伞 sǎn	尊 zūn	铭 míng	潮 cháo	汽 qì	挺 tǐng	江 jiāng

二、读多音节词语（100 个音节，限时 2.5 分钟，共 20 分）

少爷 shào · ye	抱不平 bàobùpíng	沉寂 chénjì	岗位 gǎngwèi	口号 kǒuhào
拼命 pīnmìng	三角 sānjiǎo	暗杀 ànshā	储藏 chǔcáng	奴才 nú · cai
过程 guòchéng	理想 lǐxiǎng	侵权 qīnquán	太平 tàipíng	后代 hòudài
凑巧 còuqiǎo	指甲 zhǐ · jia	昂扬 ángyáng	垄断 lǒngduàn	天花板 tiānhuābǎn
起初 qǐchū	比武 bǐwǔ	打垮 dǎkuǎ	一下儿 yīxiàr	互补 hùbǔ
美妙 měimiào	热情 rèqíng	橡皮 xiàngpí	抚养 fǔyǎng	极端 jíduān
冰点 bīngdiǎn	小曲儿 xiǎoqǔr	门口 ménkǒu	人员 rényuán	握手 wòshǒu
彩礼 cǎilǐ	恩赐 ēncì	谨慎 jǐnshèn	围剿 wéijiǎo	顶牛儿 dǐngniúr
手掌 shǒuzhǎng	凝聚 níngjù	贩运 fànyùn	开辟 kāipì	朴素 pǔsù
虽然 suīrán	层面 céngmiàn	邮戳儿 yóuchuōr	主体 zhǔtǐ	

三、朗读短文（400 个音节，限时 4 分钟，共 30 分）

作品 48 号

四、命题说话（请在下列话题中任选一个，限时 3 分钟，共 40 分）

1. 我喜爱的文学（或其他艺术形式）

2. 谈谈对环境保护的认识

试卷五十九

一、读单音节字词（100 个音节，限时 3.5 分钟，共 10 分）

罗 luó	擦 cā	迭 dié	府 fǔ	荒 huāng	捐 juān	蛮 mán	沏 qī	筛 shāi	匣 xiá
长 zhǎng	氖 nǎi	兰 lán	唾 tuò	暗 àn	否 fǒu	戴 dài	婚 hūn	卡 kǎ	掐 qiā
啄 zhuó	略 lüè	汰 tài	饶 ráo	部 bù	抄 chāo	旱 hàn	肯 kěn	改 gǎi	奴 nú
菌 jūn	撮 cuō	断 duàn	班 bān	梗 gěng	晤 wù	埋 mái	瀑 pù	忍 rěn	扛 káng
巴 bā	撤 chè	赘 zhuì	过 guò	阔 kuò	抹 mǒ	灰 huī	鸥 ōu	润 rùn	剜 wān
测 cè	裙 qún	舜 Shùn	躲 duǒ	富 fù	还 hái	箭 jiàn	轮 lún	娜 nà	轧 zhá
假 jiǎ	迷 mí	剖 pōu	蕴 yùn	冢 zhǒng	梭 suō	饿 è	鬼 guǐ	逊 xùn	灵 líng
挨 ái	参 cān	吨 dūn	繁 fán	活 huó	居 jū	赖 lài	挪 nuó	阙 què	塌 tā
滚 gǔn	白 bái	哉 zāi	蕊 ruǐ	击 jī	捆 kǔn	洼 wā	宅 zhái	耙 pá	母 mǔ
焉 yān	叛 pàn	儿 ér	搞 gǎo	某 mǒu	绝 jué	亏 kuī	攒 zǎn	仨 sā	夕 xī

二、读多音节词语（100 个音节，限时 2.5 分钟，共 20 分）

作祟 zuòsuì	挖掘 wājué	鼓掌 gǔzhǎng	柔和 róuhé	目前 mùqián
道士 dào · shi	复辟 fùbì	小熊儿 xiǎoxióngr	取悦 qǔyuè	驿站 yìzhàn
丧失 sàngshī	能够 nénggòu	耕地 gēngdì	不顾 bùgù	醉心 zuìxīn
污染 wūrǎn	利落 lì · luo	墙壁 qiángbì	水准 shuǐzhǔn	开支 kāizhī
策略 cèlüè	冗长 rǒngcháng	桎梏 zhìgù	快板儿 kuàibǎnr	挑选 tiāoxuǎn
譬如 pìrú	扩大 kuòdà	城镇 chéngzhèn	解体 jiětǐ	暴动 bàodòng
脊梁 jǐ · liáng	相同 xiāngtóng	守恒 shǒuhéng	蜜蜂 mìfēng	翻身 fānshēn
款待 kuǎndài	樟脑 zhāngnǎo	停顿 tíngdùn	唱歌儿 chànggēr	培训 péixùn
华侨 huáqiáo	纯粹 chúncuì	马铃薯 mǎlíngshǔ	漏洞 lòudòng	宿舍 sùshè
耐心 nàixīn	黑人 hēirén	灯泡儿 dēngpàor	螺旋桨 luóxuánjiǎng	

三、朗读短文（400 个音节，限时 4 分钟，共 30 分）

作品 44 号

四、命题说话（请在下列话题中任选一个，限时 3 分钟，共 40 分）

1. 我喜欢的明星（或其他知名人士）

2. 我的假日生活

试卷六十

一、读单音节字词（100 个音节，限时 3.5 分钟，共 10 分）

作 zuò	穴 xué	首 shǒu	拍 pāi	领 lǐng	怀 huái	东 dōng	癌 ái	篙 gāo	疗 liáo
许 xǔ	尊 zūn	丢 diū	皿 mǐn	税 shuì	屏 píng	料 liào	邦 bāng	禾 hé	狗 gǒu
外 wài	圣 shèng	罪 zuì	啃 kěn	幻 huàn	灌 guàn	稻 dào	偏 piān	钡 bèi	渺 miǎo
死 sǐ	宽 kuān	娘 niáng	眨 zhǎ	攻 gōng	为 wéi	惠 huì	迸 bèng	签 qiān	得 dé
这 zhè	我 wǒ	乳 rǔ	您 nín	催 cuī	口 kǒu	付 fù	禽 qín	荚 jiá	鄙 bǐ
拖 tuō	溶 róng	之 zhī	君 jūn	方 fāng	戟 jǐ	嫩 nèn	窜 cuàn	贬 biǎn	呛 qiàng
匀 yún	腿 tuǐ	嚷 rǎng	木 mù	颈 jǐng	费 fèi	层 céng	凳 dèng	赦 shè	跤 jiāo
切 qiē	脉 mài	叫 jiào	窗 chuāng	团 tuán	粤 Yuè	督 dū	佛 fó	姜 jiāng	舐 shì
莫 mò	远 yuǎn	行 háng	苏 sū	倾 qīng	冯 Féng	重 zhòng	盾 dùn	厘 lí	童 tóng
寻 xún	艘 sōu	蝶 dié	滤 lǜ	卢 lú	后 hòu	都 dōu	趁 chèn	权 quán	翁 wēng

二、读多音节词语（100 个音节，限时 2.5 分钟，共 20 分）

棉球儿 miánqiúr	刺激 cìjī	购销 gòuxiāo	冷饮 lěngyǐn	祝贺 zhùhè
瓦砾 wǎlì	日光 rìguāng	摆动 bǎidòng	蛋白质 dànbáizhì	耳朵 ěr · duo
剪纸 jiǎnzhǐ	捏造 niēzào	珊瑚 shānhú	星际 xīngjì	场所 chǎngsuǒ
各自 gèzì	火锅儿 huǒguōr	裤腿 kùtuǐ	谴责 qiǎnzé	螳螂 tángláng
自动化 zìdònghuà	才能 cáinéng	米饭 mǐfàn	宗教 zōngjiào	有劲儿 yǒujìnr
肉质 ròuzhì	雾气 wùqì	笼统 lǒngtǒng	发现 fāxiàn	久远 jiǔyuǎn
思量 sī · liang	波浪 bōlàng	蒲扇 púshàn	硕士 shuòshì	英雄 yīngxióng
穿着 chuānzhuó	符合 fúhé	可耻 kěchǐ	盘算 pán · suan	青衣 qīngyī
崭新 zhǎnxīn	藤萝 téngluó	碎步儿 suìbùr	党委 dǎngwěi	枝叶 zhīyè
奶油 nǎiyóu	扫射 sǎoshè	驯鹿 xùnlù	环流 huánliú	

三、朗读短文（400 个音节，限时 4 分钟，共 30 分）

作品 35 号

四、命题说话（请在下列话题中任选一个，限时 3 分钟，共 40 分）

1. 谈谈科技发展与社会生活

2. 我所在的集体（学校、机关、公司等）

试卷六十一

一、读单音节字词（100 个音节，限时 3.5 分钟，共 10 分）

矮 ǎi	缠 chán	鹅 é	逛 guàng	究 jiū	络 luò	暖 nuǎn	戚 qī	卅 sà	枉 wǎng
罚 fá	卡 kǎ	或 huò	成 chéng	岸 àn	洽 qià	论 lùn	违 wéi	囊 náng	臊 sào
别 bié	分 fēn	砍 kǎn	膳 shàn	拎 līn	混 hún	愁 chóu	乃 nǎi	蜷 quán	昔 xī
船 chuán	绘 huì	本 běn	翻 fān	炕 kàng	驴 lǘ	你 nǐ	宣 xuān	屎 shǐ	裘 qiú
夫 fū	爽 shuǎng	毒 dú	贤 xián	蹦 bèng	荒 huāng	考 kǎo	麻 má	琼 qióng	年 nián
棵 kē	挡 dǎng	该 gāi	护 hù	猫 māo	谱 pǔ	波 bō	晴 qíng	淌 tǎng	邀 yāo
延 yán	执 zhí	机 jī	快 kuài	歌 gē	鼻 bí	派 pài	扰 rǎo	损 sǔn	没 méi
猜 cāi	根 gēn	盼 pàn	低 dī	融 róng	键 jiàn	隅 yú	蒙 méng	亭 tíng	蜡 là
棉 mián	登 dēng	工 gōng	噪 zào	来 lái	蹄 tí	操 cāo	披 pī	锐 ruì	姿 zī
浸 jìn	杖 zhàng	民 mín	点 diǎn	仓 cāng	品 pǐn	烂 làn	儒 rú	声 shēng	古 gǔ

二、读多音节词语（100 个音节，限时 2.5 分钟，共 20 分）

苍蝇 cāng · ying	保管 bǎoguǎn	大型 dàxíng	积极性 jījíxìng	梦境 mèngjìng
弱小 ruòxiǎo	屠宰 túzǎi	舒坦 shū · tan	捕食 bǔshí	分量 fèn · liàng
解渴 jiěkě	狞笑 níngxiào	忍心 rěnxīn	萎缩 wěisuō	我们 wǒ · men
尺度 chǐdù	繁荣 fánróng	恳求 kěnqiú	准许 zhǔnxǔ	上缴 shàngjiǎo
注销 zhùxiāo	纳闷儿 nàmènr	产物 chǎnwù	告别 gàobié	傀儡 kuǐlěi
炮制 páozhì	总管 zǒngguǎn	洗涤 xǐdí	花瓶儿 huāpíngr	此地 cǐdì
工程 gōngchéng	隆冬 lóngdōng	抨击 pēngjī	嘶哑 sīyǎ	袖珍 xiùzhēn
手套儿 shǒutàor	早点 zǎodiǎn	黄土 huángtǔ	列强 lièqiáng	启蒙 qǐméng
肃穆 sùmù	摇曳 yáoyè	毛驴儿 máolǘr	点头 diǎntóu	形容词 xíngróngcí
麻将 májiàng	丘陵 qiūlíng	剔除 tīchú	宇航 yǔháng	

三、朗读短文（400 个音节，限时 4 分钟，共 30 分）

作品 23 号

四、命题说话（请在下列话题中任选一个，限时 3 分钟，共 40 分）

1. 谈谈个人修养

2. 童年的记忆

试卷六十二

一、读单音节字词（100 个音节，限时 3.5 分钟，共 10 分）

左 zuǒ	牙 yá	蔓 màn	衰 shuāi	乾 qián	酿 niàng	捆 kǔn	换 huàn	儿 ér	辞 cí
修 xiū	钻 zuàn	贪 tān	盲 máng	坑 kēng	涮 shuàn	黑 hēi	卿 qīng	吹 chuī	俄 é
涛 tāo	熊 xióng	宗 zōng	申 shēn	颗 kē	浦 pǔ	矛 máo	出 chū	夺 duó	过 guò
饶 ráo	臀 tún	桩 zhuāng	腺 xiàn	畔 pàn	昧 mèi	队 duì	叉 chā	滚 gǔn	苦 kǔ
瞟 piǎo	系 xì	褪 tuì	荣 róng	筑 zhù	池 chí	静 jìng	钙 gài	打 dǎ	萌 méng
龙 lóng	超 chāo	周 zhōu	姓 xìng	闰 rùn	瓜 guā	觉 jiào	渡 dù	舔 tiǎn	萍 píng
讲 jiǎng	洼 wā	讼 sòng	雀 què	呕 ǒu	陆 lù	症 zhèng	法 fǎ	错 cuò	步 bù
扶 fú	捺 nà	宾 bīn	捞 lāo	寸 cùn	悟 wù	教 jiào	酥 sū	怎 zěn	屈 qū
簇 cù	升 shēng	薄 báo	俩 liǎ	擒 qín	花 huā	反 fǎn	怨 yuàn	恼 nǎo	瑟 sè
于 yú	边 biān	寿 shòu	乔 qiáo	孽 niè	咧 liě	呵 hē	风 fēng	凑 còu	涡 wō

二、读多音节词语（100 个音节，限时 2.5 分钟，共 20 分）

差不多 chà · buduō	一下儿 yīxiàr	秃顶 tūdǐng	青铜 qīngtóng	存款 cúnkuǎn
混淆 hùnxiáo	冷却 lěngquè	指引 zhǐyǐn	网球 wǎngqiú	和尚 hé · shang
盛夏 shèngxià	奴役 núyì	境界 jìngjiè	雕刻 diāokè	甬道 yǒngdào
怂恿 sǒngyǒng	标准 biāozhǔn	在这儿 zàizhèr	困境 kùnjìng	飞翔 fēixiáng
平凡 píngfán	中间人 zhōngjiānrén	卧床 wòchuáng	热恋 rèliàn	弟弟 dì · di
密度 mìdù	简化 jiǎnhuà	沉默 chénmò	篱笆 lí · ba	增援 zēngyuán
椭圆 tuǒyuán	软化 ruǎnhuà	模拟 mónǐ	残余 cányú	歌颂 gēsòng
信条 xìntiáo	保守 bǎoshǒu	年代 niándài	课题 kètí	跑腿儿 pǎotuǐr
孵化 fūhuà	爽朗 shuǎnglǎng	远古 yuǎngǔ	丝绒 sīróng	差点儿 chàdiǎnr
谦虚 qiānxū	林业 línyè	估计 gūjì	不仅 bùjǐn	

三、朗读短文（400 个音节，限时 4 分钟，共 30 分）

作品 48 号

四、命题说话（请在下列话题中任选一个，限时 3 分钟，共 40 分）

1. 我和体育

2. 我的朋友

试卷六十三

一、读单音节字词（100 个音节，限时 3.5 分钟，共 10 分）

嘴 zuǐ	硬 yìng	温 wēn	虽 suī	藕 ǒu	勒 lè	韩 Hán	安 ān	传 chuán	泛 fàn
幼 yòu	做 zuò	凹 āo	推 tuī	若 ruò	拈 niān	裤 kù	轨 guǐ	房 fáng	秤 chèng
团 tuán	然 rán	倪 ní	紫 zǐ	液 yè	康 kāng	勾 gōu	把 bǎ	撤 chè	怪 guài
惹 rě	甜 tián	众 zhòng	革 gé	雪 xuě	坤 kūn	初 chū	拗 niù	观 guān	伴 bàn
娶 qǔ	置 zhì	兴 xìng	趟 tàng	暮 mù	蕨 jué	岗 gǎng	辈 bèi	催 cuī	街 jiē
谬 miù	近 jìn	伯 bó	欠 qiàn	达 dá	震 zhèn	消 xiāo	瘦 shòu	睛 jīng	拂 fú
锯 jù	弥 mí	妃 fēi	蚕 cán	账 zhàng	献 xiàn	耍 shuǎ	抢 qiǎng	刀 dāo	累 lèi
仿 fǎng	槽 cáo	递 dì	寨 zhài	误 wù	设 shè	魄 pò	捋 lǚ	溅 jiàn	楼 lóu
册 cè	灶 zào	握 wò	色 sè	叛 pàn	鳞 lín	霍 huò	腭 è	袋 dài	泉 quán
约 yuē	王 wáng	素 sù	蓬 péng	燎 liáo	槐 huái	帆 fān	层 céng	爹 diē	投 tóu

二、读多音节词语（100 个音节，限时 2.5 分钟，共 20 分）

把柄 bǎbǐng	冻疮 dòngchuāng	海豚 hǎitún	高粱 gāo · liang	男女 nánnǚ
古朴 gǔpǔ	象征 xiàngzhēng	记事儿 jìshìr	宠儿 chǒng' ér	棘手 jíshǒu
字母 zìmǔ	巧妙 qiǎomiào	旺盛 wàngshèng	领取 lǐngqǔ	菜肴 càiyáo
恩情 ēnqíng	迷糊 mí · hu	秸秆 jiēgǎn	迫害 pòhài	手指 shǒuzhǐ
养料 yǎngliào	藩镇 fānzhèn	照片儿 zhàopiānr	采掘 cǎijué	烤火 kǎohuǒ
乐队 yuèduì	死亡 sǐwáng	排列 páiliè	炽热 chìrè	粉红 fěnhóng
懒惰 lǎnduò	石子儿 shízǐr	轻微 qīngwēi	条件 tiáojiàn	整顿 zhěngdùn
客气 kè · qi	北极 běijí	耳光 ěrguāng	耗资 hàozī	内脏 nèizàng
小组 xiǎozǔ	扫荡 sǎodàng	颠簸 diānbǒ	祖国 zǔguó	美酒 měijiǔ
人间 rénjiān	万物 wànwù	图钉儿 túdīngr	如释重负 rúshìzhòngfù	

三、朗读短文（400 个音节，限时 4 分钟，共 30 分）

作品 6 号

四、命题说话（请在下列话题中任选一个，限时 3 分钟，共 40 分）

1. 我的愿望（或理想）

2. 我的家乡（或熟悉的地方）

试卷六十四

一、读单音节字词（100 个音节，限时 3.5 分钟，共 10 分）

案 àn　喘 chuǎn　果 guǒ　鲸 jīng　劳 láo　却 què　使 shǐ　溪 xī　凿 záo　崩 bēng
宾 bīn　浅 qiǎn　述 shù　霞 xiá　淡 dàn　巨 jù　跪 guì　某 mǒu　捂 wǔ　择 zé
朵 duǒ　别 bié　门 mén　穷 qióng　乍 zhà　广 guǎng　接 jiē　锁 suǒ　枉 wǎng　厢 xiāng
跟 gēn　迭 dié　辨 biàn　可 kě　帽 mào　敲 qiāo　涂 tú　晓 xiǎo　昭 zhāo　廷 tíng
宽 kuān　逆 nì　绪 xù　讨 tǎo　忠 zhōng　沟 gōu　丁 dīng　帮 bāng　舔 tiǎn　绕 rào
错 cuò　额 é　太 tài　骤 zhòu　喝 hē　库 kù　剃 tì　捏 niē　人 rén　宴 yàn
南 nán　反 fǎn　厚 hòu　村 cūn　漾 yàng　乳 rǔ　拽 zhuài　头 tóu　兰 lán　诉 sù
散 sàn　患 huàn　署 shǔ　肺 fèi　破 pò　刺 cì　玩 wán　寅 yín　滋 zī　粒 lì
惟 wéi　忧 yōu　棕 zōng　磷 lín　饰 shì　分 fēn　平 píng　僧 sēng　潮 cháo　灰 huī
豫 yù　刹 chà　基 jī　搂 lǒu　彭 Péng　谁 shuí　物 wù　尘 chén　攥 zuàn　福 fú

二、读多音节词语（100 个音节，限时 2.5 分钟，共 20 分）

猛兽 měngshòu　羽毛球 yǔmáoqiú　小辫儿 xiǎobiànr　收缩 shōusuō　片面 piànmiàn
快速 kuàisù　范畴 fànchóu　纵使 zòngshǐ　罐头 guàn · tou　胆小鬼 dǎnxiǎoguǐ
巍峨 wēi’ é　热情 rèqíng　没收 mòshōu　害怕 hàipà　旗帜 qízhì
造谣 zàoyáo　搪塞 tángsè　翡翠 fěicuì　棉花 mián · huā　话筒 huàtǒng
挑剔 tiāo · ti　恳切 kěnqiè　牙刷儿 yáshuār　黝黑 yǒuhēi　上市 shàngshì
破坏 pòhuài　颗粒 kēlì　词汇 cíhuì　诉讼 sùsòng　去年 qùnián
谢谢 xiè · xie　坠落 zhuìluò　拱手 gǒngshǒu　利率 lìlǜ　电影 diànyǐng
鲁莽 lǔmǎng　窑洞 yáodòng　僧侣 sēnglǚ　拐弯儿 guǎiwānr　努力 nǔlì
苍白 cāngbái　纠纷 jiūfēn　品尝 pǐncháng　忘我 wàngwǒ　容量 róngliàng
程序 chéngxù　郊区 jiāoqū　老本儿 lǎoběnr　那样 nàyàng

三、朗读短文（400 个音节，限时 4 分钟，共 30 分）

作品 37 号

四、命题说话（请在下列话题中任选一个，限时 3 分钟，共 40 分）

1. 我知道的风俗

2. 学习普通话的体会

试卷六十五

一、读单音节字词（100 个音节，限时 3.5 分钟，共 10 分）

坐 zuò	友 yǒu	挖 wā	社 shè	求 qiú	母 mǔ	困 kùn	秆 gǎn	奠 diàn	掺 chān
鹰 yīng	最 zuì	托 tuō	卡 kǎ	阁 gé	示 shì	摸 mō	期 qī	睬 cǎi	缔 dì
退 tuì	页 yè	筐 kuāng	羹 gēng	董 dǒng	走 zǒu	绳 shéng	扑 pū	孟 mèng	卜 bǔ
撒 sǎ	仰 yǎng	突 tū	自 zì	瓶 píng	苗 miáo	级 jí	博 bó	搓 cuō	筏 fá
飘 piāo	若 ruò	禀 bǐng	捉 zhuō	络 luò	枫 fēng	崔 Cuī	血 xuè	铁 tiě	将 jiāng
匾 biǎn	修 xiū	软 ruǎn	晋 jìn	覆 fù	祠 cí	盆 pén	踏 tà	撞 zhuàng	卤 lǔ
皆 jiē	体 tǐ	如 rú	璧 bì	弦 xián	刘 Liú	周 zhōu	沸 fèi	捶 chuí	欧 Ōu
饵 ěr	雾 wù	髓 suǐ	颌 hé	种 zhǒng	踹 chuài	雹 báo	奶 nǎi	乐 lè	容 róng
逞 chěng	群 qún	囊 náng	我 wǒ	良 liáng	酸 suān	坏 huài	踱 duó	蒸 zhēng	碍 ài
员 yuán	晃 huǎng	兑 duì	储 chǔ	忘 wàng	暗 àn	圈 quān	内 nèi	阔 kuò	说 shuō

二、读多音节词语（100 个音节，限时 2.5 分钟，共 20 分）

版权 bǎnquán	芙蓉 fúróng	勘测 kāncè	别扭 biè · niu	培育 péiyù
水面 shuǐmiàn	以免 yǐmiǎn	主角儿 zhǔjuér	揣摩 chuǎimó	角质 jiǎozhì
名词 míngcí	人口 rénkǒu	秩序 zhìxù	外在 wàizài	铺盖 pū · gai
猖獗 chāngjué	赶集 gǎnjí	枯竭 kūjié	取消 qǔxiāo	欲望 yùwàng
饲养 sìyǎng	赐予 cìyǔ	打鸣儿 dǎmíngr	火海 huǒhǎi	美学 měixué
咨询 zīxún	稳定 wěndìng	热带 rèdài	抖擞 dǒusǒu	简短 jiǎnduǎn
阻止 zǔzhǐ	森林 sēnlín	有数儿 yǒushùr	纤维 xiānwéi	难得 nándé
采摘 cǎizhāi	古董 gǔdǒng	跳蚤 tiào · zao	恋爱 liàn'ài	前往 qiánwǎng
图画 túhuà	战国 Zhànguó	防范 fángfàn	钻研 zuānyán	里程碑 lǐchéngbēi
蜜枣儿 mìzǎor	手表 shǒubiǎo	硝酸 xiāosuān	哈密瓜 hāmìguā	

三、朗读短文（400 个音节，限时 4 分钟，共 30 分）

作品 13 号

四、命题说话（请在下列话题中任选一个，限时 3 分钟，共 40 分）

1. 我的成长之路

2. 我喜爱的动物（或植物）

试卷六十六

一、读单音节字词（100 个音节，限时 3.5 分钟，共 10 分）

癌 ái	舂 chōng	乏 fá	哈 hā	克 kè	哪 nǎ	千 qiān	帅 shuài	铣 xǐ	晕 yūn
斥 chì	螯 áo	闹 nào	劝 quàn	搜 sōu	纺 fǎng	获 huò	亏 kuī	援 yuán	掀 xiān
沸 fèi	您 nín	曲 qǔ	御 yù	啸 xiào	戳 chuō	靶 bǎ	魂 hún	俩 liǎ	驼 tuó
画 huà	葱 cōng	愤 fèn	绑 bǎng	岭 lǐng	怒 nù	染 rǎn	捅 tǒng	械 xiè	崽 zǎi
冷 lěng	燥 zào	泰 tài	羞 xiū	蹿 cuān	毁 huǐ	缚 fù	播 bō	偶 ǒu	扔 rēng
餐 cān	逮 dǎi	甘 gān	积 jī	狼 láng	宅 zhái	若 ruò	炭 tàn	雅 yǎ	扒 bā
碰 pèng	斩 zhǎn	策 cè	洒 sǎ	伍 wǔ	殷 yīn	旦 dàn	概 gài	军 jūn	亩 mǔ
色 sè	刁 diāo	镐 gǎo	枕 zhěn	模 mó	评 píng	杈 chā	翁 wēng	焰 yàn	架 jià
萎 wěi	届 jiè	命 mìng	陡 dǒu	卓 zhuó	倡 chàng	耀 yào	盘 pán	赏 shǎng	龚 Gōng
疫 yì	考 kǎo	渍 zì	规 guī	漆 qī	腕 wàn	室 shì	钞 chāo	某 mǒu	缎 duàn

二、读多音节词语（100 个音节，限时 2.5 分钟，共 20 分）

憧憬 chōngjǐng	露馅儿 lòuxiànr	孤僻 gūpì	库存 kùcún	气团 qìtuán
扫荡 sǎodàng	自愿 zìyuàn	火星儿 huǒxīngr	乘凉 chéngliáng	法宝 fǎbǎo
抗战 kàngzhàn	忧郁 yōuyù	损失 sǔnshī	频繁 pínfán	屏息 bǐngxī
能耐 néng · nai	马桶 mǎtǒng	酒精 jiǔjīng	女子 nǚzǐ	围剿 wéijiǎo
首领 shǒulǐng	贩子 fàn · zi	饱满 bǎomǎn	耳语 ěryǔ	后悔 hòuhuǐ
笼统 lǒngtǒng	日益 rìyì	温暖 wēnnuǎn	笃信 dǔxìn	终年 zhōngnián
描绘 miáohuì	弱点 ruòdiǎn	屠杀 túshā	打盹儿 dǎdǔnr	函授 hánshòu
蚕食 cánshí	稿纸 gǎozhǐ	粮食 liáng · shi	脊髓 jǐsuǐ	普通 pǔtōng
说服 shuōfú	野蛮 yěmán	勾当 gòu · dàng	蒸发 zhēngfā	小偷儿 xiǎotōur
前途 qiántú	村落 cūnluò	投降 tóuxiáng	毛骨悚然 máogǔ-sǒngrán	

三、朗读短文（400 个音节，限时 4 分钟，共 30 分）

作品 59 号

四、命题说话（请在下列话题中任选一个，限时 3 分钟，共 40 分）

1. 我喜欢的节日

2. 购物（消费）的感受

试卷六十七

一、读单音节字词（100 个音节，限时 3.5 分钟，共 10 分）

卒 zú	赢 yíng	涡 wō	顺 shùn	取 qǔ	灭 miè	啃 kěn	喊 hǎn	儿 ér	除 chú
巡 xún	揍 zòu	臀 tún	税 shuì	刚 gāng	唇 chún	秋 qiū	秒 miǎo	狂 kuáng	倒 dǎo
途 tú	孝 xiào	踪 zōng	齐 qí	孟 mèng	捐 juān	双 shuāng	臭 chòu	得 dé	高 gāo
甩 shuǎi	鸥 ōu	驴 lǘ	贤 xián	童 tóng	啄 zhuó	赤 chì	格 gé	垫 diàn	绝 jué
抛 pāo	薪 xīn	潭 tán	景 jǐng	供 gòng	豆 dòu	授 shòu	妆 zhuāng	错 cuò	略 lüè
笼 lóng	步 bù	蛀 zhù	否 fǒu	窜 cuàn	详 xiáng	计 jì	滕 Téng	伸 shēn	品 pǐn
货 huò	瓮 wèng	梭 suō	逼 bī	偏 piān	溜 liū	障 zhàng	肥 féi	操 cāo	日 rì
悦 yuè	溶 róng	嫩 nèn	范 fàn	料 liào	耗 hào	菜 cài	瘟 wēn	抱 bào	膳 shàn
浮 fú	绥 suí	嚷 rǎng	暖 nuǎn	皖 Wǎn	捞 lāo	黑 hēi	忧 yōu	长 zhǎng	熬 áo
承 chéng	午 wǔ	耸 sǒng	勤 qín	宁 níng	捆 kǔn	红 hóng	恶 è	勇 yǒng	冰 bīng

二、读多音节词语（100 个音节，限时 2.5 分钟，共 20 分）

解剖 jiěpōu	从前 cóngqián	刀把儿 dāobàr	名义 míngyì	榨取 zhàqǔ
铁轨 tiěguǐ	绒毛 róngmáo	纯粹 chúncuì	好比 hǎobǐ	衙门 yá · men
煤炭 méitàn	悄然 qiǎorán	推敲 tuīqiāo	栽种 zāizhòng	棒槌 bàng · chui
安装 ānzhuāng	感慨 gǎnkǎi	老师 lǎoshī	蒲公英 púgōngyīng	送行 sòngxíng
岩浆 yánjiāng	祖传 zǔchuán	快乐 kuàilè	排泄 páixiè	沙哑 shāyǎ
喜鹊 xǐquè	合群儿 héqúnr	分子 fēnzǐ	心眼儿 xīnyǎnr	参谋 cānmóu
讲述 jiǎngshù	轴线 zhóuxiàn	肉眼 ròuyǎn	稳妥 wěntuǒ	哪些 nǎxiē
但是 dànshì	传记 zhuànjì	年纪 niánjì	出圈儿 chūquānr	省略 shěnglüè
外伤 wàishāng	恐慌 kǒnghuāng	国王 guówáng	房子 fáng · zi	伦理 lúnlǐ
起草 qǐcǎo	博物馆 bówùguǎn	一概 yīgài	赛跑 sàipǎo	

三、朗读短文（400 个音节，限时 4 分钟，共 30 分）

作品 33 号

四、命题说话（请在下列话题中任选一个，限时 3 分钟，共 40 分）

1. 我向往的地方

2. 我尊敬的人

试卷六十八

一、读单音节字词（100 个音节，限时 3.5 分钟，共 10 分）

艾 ài　彻 chè　扼 è　货 huò　块 kuài　马 mǎ　片 piàn　晒 shài　团 tuán　秧 yāng

灰 huī　晨 chén　昂 áng　吠 fèi　闷 mèn　上 shàng　苦 kǔ　应 yìng　批 pī　特 tè

坟 fén　坝 bà　嗤 chī　麦 mài　海 hǎi　坑 kēng　迁 qiān　月 yuè　完 wán　梢 shāo

怀 huái　仇 chóu　疯 fēng　市 shì　伪 wěi　傍 bàng　孔 kǒng　暖 nuǎn　引 yǐn　驱 qū

葱 cōng　辐 fú　缓 huǎn　蓝 lán　豹 bào　怒 nù　桥 qiáo　手 shǒu　武 wǔ　杂 zá

皴 cūn　咱 zán　崩 bēng　球 qiú　竿 gān　季 jì　赖 lài　丝 sī　醒 xǐng　能 néng

凳 dèng　贡 gòng　检 jiǎn　孙 sūn　鲜 xiān　葬 zàng　鸟 niǎo　燃 rán　瘪 biě　累 lèi

颠 diān　寡 guǎ　松 sōng　驳 bó　香 xiāng　愣 lèng　呕 ǒu　窄 zhǎi　任 rèn　较 jiào

赌 dǔ　中 zhōng　据 jù　链 liàn　捧 pěng　软 ruǎn　掏 tāo　锌 xīn　惨 cǎn　棍 gùn

岔 chà　攀 pān　入 rù　田 tián　注 zhù　垢 gòu　款 kuǎn　名 míng　芽 yá　舵 duò

二、读多音节词语（100 个音节，限时 2.5 分钟，共 20 分）

提防 dī · fang　啜泣 chuòqì　滚烫 gǔntàng　礼法 lǐfǎ　群落 qúnluò

随便 suíbiàn　医院 yīyuàn　鹅卵石 éluǎnshí　火把 huǒbǎ　满足 mǎnzú

别针儿 biézhēnr　展览 zhǎnlǎn　推销 tuīxiāo　然后 ránhòu　采纳 cǎinà

包袱 bāo · fu　继承权 jìchéngquán　看病 kànbìng　膨胀 péngzhàng　说服 shuōfú

下落 xiàluò　老伴儿 lǎobànr　番茄 fānqié　左手 zuǒshǒu　难怪 nánguài

沙发 shāfā　物价 wùjià　金鱼 jīnyú　改写 gǎixiě　科举 kējǔ

迫切 pòqiè　畜生 chù · sheng　苍翠 cāngcuì　享有 xiǎngyǒu　俗称 súchēng

海报 hǎibào　泪珠儿 lèizhūr　点火 diǎnhuǒ　木材 mùcái　亲眼 qīnyǎn

淘汰 táotài　赞扬 zànyáng　降临 jiànglín　植株 zhízhū　一下儿 yīxiàr

二胡 èrhú　任务 rèn · wu　问世 wènshì　那里 nà · lǐ

三、朗读短文（400 个音节，限时 4 分钟，共 30 分）

作品 17 号

四、命题说话（请在下列话题中任选一个，限时 3 分钟，共 40 分）

1. 难忘的旅行

2. 我的学习生活

试卷六十九

一、读单音节字词（100 个音节，限时 3.5 分钟，共 10 分）

血 xuè	尊 zūn	偷 tōu	群 qún	幕 mù	加 jiā	方 fāng	八 bā	航 háng	抻 chēn
权 quán	形 xíng	孙 sūn	抓 zhuā	摸 mō	哈 hā	戴 dài	禾 hé	痴 chī	瓣 bàn
邦 bāng	脱 tuō	软 ruǎn	挪 nuó	揩 kāi	港 gǎng	长 zhǎng	育 yù	捣 dǎo	困 kùn
凳 dèng	退 tuì	入 rù	刊 kān	亏 kuī	发 fā	抄 chāo	爆 bào	涌 yǒng	女 nǚ
锁 suǒ	须 xū	钻 zuàn	缺 quē	某 mǒu	箭 jiàn	搭 dā	白 bái	逞 chěng	毫 háo
蚕 cán	喂 wèi	耍 shuǎ	欧 ōu	阔 kuò	干 gàn	怨 yuàn	澳 ào	裆 dāng	咯 kā
落 luò	勿 wù	穗 suì	铺 pū	柱 zhù	还 hái	担 dān	哀 āi	祠 cí	酱 jiàng
做 zuò	寻 xún	吐 tǔ	肉 ròu	怒 nù	击 jī	范 fàn	撤 chè	卑 bēi	革 gé
旱 hàn	我 wǒ	霜 shuāng	破 pò	轮 lún	种 zhǒng	郊 jiāo	黯 àn	葱 cōng	擦 cā
匀 yún	温 wēn	率 lǜ	瓶 píng	略 lüè	揭 jiē	蔡 cài	昂 áng	醋 cù	该 gāi

二、读多音节词语（100 个音节，限时 2.5 分钟，共 20 分）

对象 duìxiàng	妓女 jìnǚ	包干儿 bāogānr	磅礴 pángbó	三角 sānjiǎo
西北 xīběi	着重 zhuózhòng	反馈 fǎnkuì	蝌蚪 kēdǒu	抨击 pēngjī
纽扣儿 niǔkòur	杀害 shāhài	债务 zhàiwù	迅速 xùnsù	本领 běnlǐng
放心 fàngxīn	哥哥 gē · ge	口角 kǒujiǎo	取暖 qǔnuǎn	顺手 shùnshǒu
运转 yùnzhuǎn	场合 chǎnghé	挨个儿 āigèr	毁坏 huǐhuài	美景 měijǐng
再见 zàijiàn	纬度 wěidù	然后 ránhòu	懒得 lǎn · de	催化剂 cuīhuàjì
鼓掌 gǔzhǎng	泥塑 nísù	轻音乐 qīngyīnyuè	叹息 tànxī	压制 yāzhì
处于 chǔyú	解体 jiětǐ	魔爪 mózhǎo	咨询 zīxún	大褂儿 dàguàr
物资 wùzī	虽说 suīshuō	测验 cèyàn	好歹 hǎodǎi	越冬 yuèdōng
栅栏 zhà · lan	弱点 ruòdiǎn	妥协 tuǒxié	流逝 liúshì	

三、朗读短文（400 个音节，限时 4 分钟，共 30 分）

作品 25 号

四、命题说话（请在下列话题中任选一个，限时 3 分钟，共 40 分）

1. 我喜爱的职业

2. 我喜欢的明星（或其他知名人士）

试卷七十

一、读单音节字词（100 个音节，限时 3.5 分钟，共 10 分）

醉 zuì　硬 yìng　团 tuán　双 shuāng　请 qǐng　谬 miù　柯 kē　棍 gùn　缎 duàn　抽 chōu

跺 duò　外 wài　顺 shùn　穷 qióng　捏 niē　烤 kǎo　吼 hǒu　幼 yòu　触 chù　花 huā

一 yī　祖 zǔ　痛 tòng　刷 shuā　品 pǐn　铭 míng　恐 kǒng　龟 guī　督 dū　蹦 bèng

偶 ǒu　信 xìn　索 suǒ　揉 róu　准 zhǔn　虑 lǜ　巾 jīn　枫 fēng　村 cūn　阿 ā

曰 yuē　碗 wǎn　宿 sù　球 qiú　拧 nǐng　康 kāng　虹 hóng　扼 è　冲 chōng　否 fǒu

挺 tǐng　旋 xuán　奏 zòu　数 shù　票 piào　蔑 miè　饥 jī　罐 guàn　本 běn　陡 dǒu

若 ruò　嗅 xiù　贴 tiē　资 zī　偏 piān　渺 miǎo　荚 jiá　辈 bèi　簇 cù　乖 guāi

捉 zhuō　熊 xióng　条 tiáo　乳 rǔ　匹 pǐ　峦 luán　帮 bāng　覆 fù　窜 cuàn　奸 jiān

衡 héng　汪 wāng　酸 suān　去 qù　扭 niǔ　篓 lǒu　周 zhōu　乏 fá　创 chuàng　当 dāng

爱 ài　问 wèn　碎 suì　容 róng　弄 nòng　幢 zhuàng　痕 hén　坟 fén　错 cuò　卢 Lú

二、读多音节词语（100 个音节，限时 2.5 分钟，共 20 分）

辅助 fǔzhù　卓越 zhuóyuè　瓜瓤儿 guārángr　爬行 páxíng　司法 sīfǎ

消亡 xiāowáng　领事馆 lǐngshìguǎn　采用 cǎiyòng　胡琴 hú · qin　儿时 érshí

马达 mǎdá　怯懦 qiènuò　愿意 yuànyì　团员 tuányuán　准则 zhǔnzé

流星 liúxīng　票据 piàojù　伤害 shānghài　显露 xiǎnlù　饭盒儿 fànhér

果断 guǒduàn　窘迫 jiǒngpò　错误 cuòwù　奶粉 nǎifěn　多么 duō · me

扰动 rǎodòng　土壤 tǔrǎng　赞成 zànchéng　部分 bù · fen　表明 biǎomíng

海港 hǎigǎng　梦呓 mèngyì　起诉 qǐsù　说明 shuōmíng　一般 yībān

把儿 bàr　纯粹 chúncuì　楷模 kǎimó　奴仆 núpú　姿势 zīshì

挖掘 wājué　融合 rónghé　点燃 diǎnrán　炸弹 zhàdàn　散射 sǎnshè

差点儿 chàdiǎnr　握手 wòshǒu　讴歌 ōugē　脍炙人口 kuàizhì-rénkǒu

三、朗读短文（400 个音节，限时 4 分钟，共 30 分）

作品 55 号

四、命题说话（请在下列话题中任选一个，限时 3 分钟，共 40 分）

1. 我喜爱的书刊

2. 谈谈卫生与健康

试卷七十一

一、读单音节字词（100 个音节，限时 3.5 分钟，共 10 分）

俄 é	万 wàn	司 sī	瘸 qué	冰 bīng	窟 kū	恒 héng	遮 zhē	吹 chuī	奴 nú
要 yào	奏 zòu	胎 tāi	山 shān	剖 pōu	矛 máo	机 jī	搞 gǎo	呆 dāi	安 ān
温 wēn	严 yán	剩 shèng	仓 cāng	漫 màn	夸 kuā	改 gǎi	儿 ér	吃 chī	琼 qióng
组 zǔ	养 yǎng	他 tā	舌 shé	鸥 ōu	盲 máng	坤 kūn	杆 gǎn	打 dǎ	程 chéng
串 chuàn	魏 Wèi	说 shuō	犬 quǎn	聂 Niè	寇 kòu	候 hòu	恩 ēn	亚 yà	册 cè
拦 lán	斜 xié	艘 sōu	柔 róu	捺 nà	展 zhǎn	宾 bīn	费 fèi	从 cóng	呵 hē
趟 tàng	西 xī	子 zǐ	润 rùn	萍 píng	眯 mī	江 jiāng	更 gèng	熬 áo	当 dāng
蕊 ruǐ	陷 xiàn	逃 táo	扎 zhā	撇 piě	腊 là	较 jiào	罚 fá	得 dé	捕 bǔ
趴 pā	小 xiǎo	苏 sū	辱 rǔ	寨 zhài	癞 lài	节 jié	拨 bō	凑 còu	番 fān
黑 hēi	挖 wā	送 sòng	邱 Qiū	挪 nuó	别 bié	招 zhāo	分 fēn	辞 cí	垒 lěi

二、读多音节词语（100 个音节，限时 2.5 分钟，共 20 分）

广阔 guǎngkuò	栅栏儿 zhàlanr	差别 chābié	闷热 mēnrè	群居 qúnjū
抬头 táitóu	遭受 zāoshòu	锯齿儿 jùchǐr	抵制 dǐzhì	状况 zhuàngkuàng
恼火 nǎohuǒ	染料 rǎnliào	歪曲 wāiqū	寒冷 hánlěng	笔记 bǐjì
稻谷 dàogǔ	甲骨文 jiǎgǔwén	嫩绿 nènlǜ	别扭 biè · niu	散文 sǎnwén
狭隘 xiá' ài	宗教 zōngjiào	润滑 rùnhuá	痛苦 tòngkǔ	后跟儿 hòugēnr
产地 chǎndì	歌唱 gēchàng	毛囊 máonáng	恶化 èhuà	苦衷 kǔzhōng
晚上 wǎn · shang	补偿 bǔcháng	派性 pàixìng	选择 xuǎnzé	搜集 sōují
刺激 cìjī	沸腾 fèiténg	在哪儿 zàinǎr	懒散 lǎnsǎn	毅然 yìrán
稍微 shāowēi	器重 qìzhòng	发动机 fādòngjī	落伍 luòwǔ	攀登 pāndēng
学生 xué · shēng	采取 cǎiqǔ	睡眠 shuìmián	雨水 yǔshuǐ	

三、朗读短文（400 个音节，限时 4 分钟，共 30 分）

作品 9 号

四、命题说话（请在下列话题中任选一个，限时 3 分钟，共 40 分）

1. 谈谈美食

2. 谈谈对环境保护的认识

试卷七十二

一、读单音节字词（100个音节，限时3.5分钟，共10分）

膈 gé	扛 káng	迸 bèng	丹 dān	满 mǎn	七 qī	三 sān	翁 wēng	印 yìn	凶 xiōng
倡 chàng	澳 ào	甘 gān	肌 jī	冷 lěng	爬 pá	人 rén	台 tái	之 zhī	姓 xìng
昂 áng	杈 chā	吠 fèi	谎 huǎng	乐 lè	脑 nǎo	惹 rě	它 tā	献 xiàn	镇 zhèn
帆 fān	辉 huī	牢 láo	男 nán	嚷 rǎng	师 shī	虾 xiā	策 cè	掌 zhǎng	侵 qīn
肯 kěn	没 méi	嵌 qiàn	赏 shǎng	毕 bì	堤 dī	寡 guǎ	谓 wèi	杂 zá	窝 wō
疤 bā	剿 jiǎo	缚 fù	将 jiāng	离 lí	派 pài	日 rì	抓 zhuā	咽 yān	摊 tān
扼 è	浑 hún	卡 kǎ	乃 nǎi	切 qiē	伸 shēn	惨 cǎn	吸 xī	总 zǒng	瘦 shòu
酚 fēn	绊 bàn	澈 chè	军 jūn	抹 mǒ	潘 Pān	朱 zhū	套 tào	也 yě	撒 sǎ
逮 dǎi	羔 gāo	警 jǐng	暴 bào	埋 mái	泡 pào	塞 sāi	瓦 wǎ	衣 yī	用 yòng
裁 cái	殿 diàn	霍 huò	亏 kuī	拿 ná	巧 qiǎo	蛇 shé	屋 wū	栽 zāi	特 tè

二、读多音节词语（100个音节，限时2.5分钟，共20分）

嫉妒 jídù	目前 mùqián	蕴藏 yùncáng	笔杆儿 bǐgǎnr	沉寂 chénjì
衰变 shuāibiàn	强大 qiángdà	矮小 ǎixiǎo	玳瑁 dàimào	凉快 liáng · kuai
叫嚣 jiàoxiāo	内容 nèiróng	若干 ruògān	乌龟 wūguī	古董 gǔdǒng
泪珠儿 lèizhūr	描写 miáoxiě	权威 quánwēi	搀扶 chānfú	他人 tārén
增产 zēngchǎn	含糊 hán · hu	安插 ānchā	豆浆 dòujiāng	烟囱 yāncōng
散布 sànbù	科学院 kēxuéyuàn	响声 xiǎngshēng	彩礼 cǎilǐ	梵文 Fànwén
苦恼 kǔnǎo	耳朵 ěr · duo	拍摄 pāishè	循环 xúnhuán	司机 sījī
晚期 wǎnqī	中等 zhōngděng	扰动 rǎodòng	逃避 táobì	瓜子儿 guāzǐr
匆忙 cōngmáng	耐心 nàixīn	保养 bǎoyǎng	凤凰 fènghuáng	花盆儿 huāpénr
垄断 lǒngduàn	期待 qīdài	沙发 shāfā	葡萄糖 pú · táotáng	

三、朗读短文（400个音节，限时4分钟，共30分）

作品41号

四、命题说话（请在下列话题中任选一个，限时3分钟，共40分）

1. 谈谈社会公德（或职业道德）

2. 我的假日生活

试卷七十三

一、读单音节字词（100 个音节，限时 3.5 分钟，共 10 分）

贷 dài	佛 fó	绘 huì	空 kōng	箔 bó	猫 māo	颇 pō	燃 rán	她 tā	秧 yāng
睬 cǎi	蹈 dǎo	柑 gān	砸 zá	兰 lán	囊 náng	匹 pǐ	仁 rén	填 tián	鸡 jī
鄂 È	庵 ān	茬 chá	垢 gòu	就 jiù	咧 liě	嫩 nèn	枪 qiāng	胃 wèi	赛 sài
伐 fá	州 zhōu	袄 ǎo	掺 chān	景 jǐng	墓 mù	泥 ní	敲 qiāo	烧 shāo	乡 xiāng
艾 ài	蹭 cèng	刁 diāo	躬 gōng	捐 juān	笼 lóng	内 nèi	漆 qī	伞 sǎn	卧 wò
责 zé	聚 jù	争 zhēng	脑 nǎo	彭 Péng	洒 sǎ	餐 cān	笛 dí	歪 wāi	庚 gēng
靶 bǎ	钞 chāo	贩 fàn	获 huò	看 kàn	麻 má	蟹 xiè	贼 zéi	谁 shuí	呕 ǒu
概 gài	缓 huǎn	右 yòu	迷 mí	飘 piāo	膘 biāo	荡 dàng	热 rè	踢 tī	拉 lā
辰 chén	卜 bǔ	仿 fǎng	婚 hūn	开 kāi	忙 máng	扑 pū	醒 xǐng	收 shōu	亲 qīn
黄 huáng	矿 kuàng	医 yī	鬓 bìn	掸 dǎn	敷 fū	屏 píng	绕 rào	疼 téng	闷 mèn

二、读多音节词语（100 个音节，限时 2.5 分钟，共 20 分）

胡萝卜 húluó · bo	一阵儿 yīzhènr	诊断 zhěnduàn	奇迹 qíjì	采掘 cǎijué
退休 tuìxiū	肯定 kěndìng	丑恶 chǒu'è	昂贵 ángguì	老婆 lǎo · po
海里 hǎilǐ	了解 liǎojiě	忍受 rěnshòu	稳定 wěndìng	鞭炮 biānpào
反响 fǎnxiǎng	简称 jiǎnchēng	跑腿儿 pǎotuǐr	休眠 xiūmián	手指 shǒuzhǐ
偶尔 ǒu'ěr	跺脚 duòjiǎo	使唤 shǐ · huan	凹陷 āoxiàn	呵斥 hēchì
命运 mìngyùn	委托 wěituō	入学 rùxué	耳膜儿 ěrmór	绰号 chuòhào
勾当 gòu · dàng	蚂蚁 mǎyǐ	拳头 quán · tóu	太空 tàikōng	最初 zuìchū
能耐 néng · nai	靶场 bǎchǎng	点火 diǎnhuǒ	句点 jùdiǎn	泥土 nítǔ
森林 sēnlín	写作 xiězuò	赐予 cìyǔ	分水岭 fēnshuǐlǐng	咖啡 kāfēi
平原 píngyuán	照片儿 zhàopiānr	司令 sīlìng	以免 yǐmiǎn	

三、朗读短文（400 个音节，限时 4 分钟，共 30 分）

作品 60 号

四、命题说话（请在下列话题中任选一个，限时 3 分钟，共 40 分）

1. 我所在的集体（学校、机关、公司等）

2. 谈谈科技发展与社会生活

试卷七十四

一、读单音节字词（100 个音节，限时 3.5 分钟，共 10 分）

错 cuò	爹 diē	古 gǔ	逝 shì	免 miǎn	齐 qí	晒 shài	苑 yuàn	午 wǔ	坑 kēng
跟 gēn	鲸 jīng	涮 shuàn	柄 bǐng	掉 diào	配 pèi	僧 sēng	崽 zǎi	丸 wán	蒙 méng
传 chuán	辨 biàn	匪 fěi	耗 hào	俩 liǎ	女 nǚ	揉 róu	淘 táo	锈 xiù	妆 zhuāng
瓜 guā	口 kǒu	民 mín	青 qīng	摔 shuāi	郁 yù	槽 cáo	定 dìng	唾 tuò	藕 ǒu
灯 dēng	否 fǒu	浸 jìn	刘 Liú	饲 sì	别 bié	扫 sǎo	宅 zhái	瓮 wèng	胖 pàng
逼 bī	出 chū	泛 fàn	乎 hū	累 lèi	您 nín	软 ruǎn	汰 tài	缀 zhuì	熏 xūn
亏 kuī	年 nián	圈 quān	税 shuì	叉 chā	洞 dòng	关 guān	蝇 yíng	吞 tūn	禄 lù
缝 féng	交 jiāo	量 liàng	表 biǎo	春 chūn	盆 pén	散 sàn	拽 zhuài	孝 xiào	损 sǔn
柴 chái	岸 àn	鹅 é	桂 guì	拉 lā	娘 niáng	任 rèn	撮 cuō	液 yè	屠 tú
恩 ēn	怀 huái	浪 làng	凹 āo	产 chǎn	鸟 niǎo	容 róng	渍 zì	捅 tǒng	雅 yǎ

二、读多音节词语（100 个音节，限时 2.5 分钟，共 20 分）

海岛 hǎidǎo	渺茫 miǎománg	斧子 fǔ · zi	磁场 cíchǎng	凄凉 qīliáng
崭新 zhǎnxīn	体操 tǐcāo	读书 dúshū	送信儿 sòngxìnr	农夫 nóngfū
细胞 xìbāo	污染 wūrǎn	阿姨 āyí	采访 cǎifǎng	星云 xīngyún
梨园 Líyuán	帮手 bāng · shou	蓬勃 péngbó	率领 shuàilǐng	再现 zàixiàn
仿效 fǎngxiào	爱好 àihào	偶然 ǒurán	嗓子 sǎng · zi	钢镚儿 gāngbèngr
盐酸 yánsuān	款待 kuǎndài	本质 běnzhì	果品 guǒpǐn	栏杆 lángān
普遍 pǔbiàn	窗户 chuāng · hu	使劲 shǐjìn	语言 yǔyán	导线 dǎoxiàn
举止 jǔzhǐ	子弹 zǐdàn	绕远儿 ràoyuǎnr	若是 ruòshì	往往 wǎngwǎng
虐待 nüèdài	核儿 húr	阐述 chǎnshù	皎洁 jiǎojié	沐浴 mùyù
主编 zhǔbiān	童话 tónghuà	恰当 qiàdàng	刻不容缓 kèbùrónghuǎn	

三、朗读短文（400 个音节，限时 4 分钟，共 30 分）

作品 45 号

四、命题说话（请在下列话题中任选一个，限时 3 分钟，共 40 分）

1. 我喜爱的文学(或其他艺术形式)

2. 谈谈服饰

试卷七十五

一、读单音节字词（100 个音节，限时 3.5 分钟，共 10 分）

扯 chě	按 àn	腹 fù	含 hán	堪 kān	泯 mǐn	漂 piāo	色 sè	图 tú	依 yī
飞 fēi	巴 bā	池 chí	好 hǎo	框 kuàng	萌 méng	其 qí	丝 sī	野 yě	弯 wān
喝 hē	否 fǒu	初 chū	渴 kě	部 bù	媒 méi	却 què	优 yōu	味 wèi	杀 shā
白 bái	达 dá	粪 fèn	黑 hēi	裤 kù	握 wò	貌 mào	于 yú	舍 shě	全 quán
多 duō	改 gǎi	薄 báo	积 jī	拦 lán	氖 nǎi	秦 Qín	诗 shī	稀 xī	脏 zāng
肝 gān	境 jìng	烙 lào	病 bìng	顿 dùn	遭 zāo	徐 xú	染 rǎn	梳 shū	挠 náo
参 cān	待 dài	过 guò	九 jiǔ	窄 zhǎi	尼 ní	忍 rěn	瞎 xiā	她 tā	擂 lèi
额 é	滚 gǔn	阵 zhèn	鲤 lǐ	彩 cǎi	溶 róng	谢 xiè	疼 téng	奴 nú	局 jú
支 zhī	浇 jiāo	晾 liàng	错 cuò	而 ér	提 tí	畔 pàn	肉 ròu	压 yā	跪 guì
害 hài	咯 kǎ	暮 mù	赔 péi	扫 sǎo	偷 tōu	验 yàn	差 chà	追 zhuī	繁 fán

二、读多音节词语（100 个音节，限时 2.5 分钟，共 20 分）

额角 éjiǎo	津贴 jīntiē	认识 rèn · shi	板栗 bǎnlì	偶尔 ǒu'ěr
色彩 sècǎi	循环 xúnhuán	辅导 fǔdǎo	科学 kēxué	平常 píngcháng
帘子 lián · zi	皑皑 ái'ái	生产 shēngchǎn	一边 yībiān	巷道 hàngdào
状态 zhuàngtài	此起彼伏 cǐqǐ-bǐfú	如此 rúcǐ	毛驴儿 máolǘr	外表 wàibiǎo
哪里 nǎ · lǐ	晨曦 chénxī	故宫 gùgōng	香肠儿 xiāngchángr	灵敏 língmǐn
群体 qúntǐ	谈话 tánhuà	在场 zàichǎng	屏息 bǐngxī	嘴巴 zuǐ · ba
笃信 dǔxìn	酵母 jiàomǔ	男人 nánrén	散发 sànfā	无比 wúbǐ
出嫁 chūjià	打嗝儿 dǎgér	画展 huàzhǎn	模拟 mónǐ	周转 zhōuzhuǎn
通常 tōngcháng	强盗 qiángdào	饭馆儿 fànguǎnr	采纳 cǎinà	橄榄 gǎnlǎn
亏损 kuīsǔn	迫害 pòhài	约束 yuēshù	收购 shōugòu	

三、朗读短文（400 个音节，限时 4 分钟，共 30 分）

作品 29 号

四、命题说话（请在下列话题中任选一个，限时 3 分钟，共 40 分）

1. 我的业余生活

2. 我喜欢的季节（或天气）

试卷七十六

一、读单音节字词（100 个音节，限时 3.5 分钟，共 10 分）

案 àn	充 chōng	反 fǎn	混 hún	卡 kǎ	马 mǎ	怕 pà	扰 rǎo	蜕 tuì	孕 yùn
扒 bā	刃 rèn	会 huì	看 kàn	粉 fěn	除 chú	迈 mài	判 pàn	轧 zhá	塌 tā
川 chuān	杯 bēi	佛 fó	慌 huāng	扛 káng	目 mù	拍 pāi	曳 yè	翁 wēng	荣 róng
夫 fū	很 hěn	吹 chuī	洼 wā	某 mǒu	棵 kē	笨 bèn	伊 yī	仨 sā	坡 pō
大 dà	钙 gài	基 jī	鼻 bí	空 kōng	明 míng	屏 píng	涩 sè	畏 wèi	赞 zàn
赶 gǎn	军 jūn	蜡 là	仄 zè	边 biān	涡 wō	带 dài	奇 qí	筛 shāi	那 nà
菜 cài	都 dōu	高 gāo	静 jìng	踪 zōng	难 nán	铅 qiān	申 shēn	夕 xī	来 lái
贞 zhēn	利 lì	吮 shǔn	乃 nǎi	敲 qiāo	嘘 xū	残 cán	对 duì	各 gè	讲 jiǎng
仅 jǐn	丢 diū	愣 lèng	却 què	拓 tuò	能 néng	楔 xiē	草 cǎo	脂 zhī	光 guāng
缕 lǚ	女 nǚ	穷 qióng	帖 tiē	巷 xiàng	臣 chén	撰 zhuàn	货 huò	究 jiū	饿 è

二、读多音节词语（100 个音节，限时 2.5 分钟，共 20 分）

额头 é · tóu	摈弃 bìnqì	廉价 liánjià	刀把儿 dāobàr	确实 quèshí
山地 shāndì	掩护 yǎnhù	你们 nǐ · men	遨游 áoyóu	揣摩 chuǎimó
蝗虫 huángchóng	偶然 ǒurán	丧失 sàngshī	微生物 wēishēngwù	采伐 cǎifá
否决 fǒujué	名牌儿 míngpáir	路线 lùxiàn	期待 qīdài	倘若 tǎngruò
赞成 zànchéng	导语 dǎoyǔ	机器人 jī · qìrén	姐姐 jiě · jie	暗自 ànzì
平凡 píngfán	扫荡 sǎodàng	系统 xìtǒng	海口 hǎikǒu	嘱咐 zhǔ · fù
任何 rènhé	歪曲 wāiqū	初恋 chūliàn	药方儿 yàofāngr	凝视 níngshì
斑驳 bānbó	果子 guǒ · zi	稿纸 gǎozhǐ	扩张 kuòzhāng	盼望 pànwàng
效应 xiàoyìng	石油 shíyóu	飞碟 fēidié	码头 mǎ · tóu	枝条 zhītiáo
提倡 tíchàng	快板儿 kuàibǎnr	策动 cèdòng	融合 rónghé	

三、朗读短文（400 个音节，限时 4 分钟，共 30 分）

作品 1 号

四、命题说话（请在下列话题中任选一个，限时 3 分钟，共 40 分）

1. 童年的记忆

2. 我喜爱的书刊

试卷七十七

一、读单音节字词（100 个音节，限时 3.5 分钟，共 10 分）

纯 chún	暗 àn	恩 ēn	恒 héng	抗 kàng	谋 móu	迫 pò	绒 róng	妥 tuǒ	纤 xiān
拔 bá	臭 chòu	评 píng	富 fù	逊 xùn	柔 róu	哄 hǒng	摸 mō	考 kǎo	屯 tún
撑 chēng	否 fǒu	比 bǐ	褪 tuì	颗 kē	名 míng	弧 hú	票 piào	悦 yuè	汝 rǔ
丰 fēng	话 huà	边 biān	窜 cuàn	跨 kuà	偏 piān	灭 miè	卅 sà	艇 tǐng	忧 yōu
雌 cí	别 bié	放 fàng	激 jī	赖 lài	腮 sāi	暖 nuǎn	夷 yí	瓮 wèng	骑 qí
袋 dài	官 guān	借 jiè	步 bù	乌 wū	兰 lán	怒 nù	前 qián	撕 sī	佐 zuǒ
拐 guǎi	斤 jīn	浪 làng	遵 zūn	确 què	杉 shān	瘟 wēn	册 cè	单 dān	农 nóng
均 jūn	爪 zhǎo	圈 quān	扭 niǔ	枉 wǎng	层 céng	舜 Shùn	到 dào	刮 guā	捞 lāo
谷 gǔ	插 chā	德 dé	梨 lí	您 nín	骤 zhòu	求 qiú	爽 shuǎng	兮 xī	觉 jiào
木 mù	断 duàn	帅 shuài	匣 xiá	榨 zhà	砍 kǎn	谱 pǔ	拆 chāi	扰 rǎo	供 gòng

二、读多音节词语（100 个音节，限时 2.5 分钟，共 20 分）

显然 xiǎnrán	兵力 bīnglì	蓬乱 péngluàn	靠山 kàoshān	水蒸气 shuǐzhēngqì
脑瓜儿 nǎoguār	数据 shùjù	座位 zuò · wèi	厚道 hòu · dao	灌木 guànmù
史学 shǐxué	炮制 páozhì	剧院 jùyuàn	低温 dīwēn	只有 zhǐyǒu
掉价儿 diàojiàr	同学 tóngxué	趣味 qùwèi	常规 chángguī	吼声 hǒushēng
踉跄 liàngqiàng	允许 yǔnxǔ	所谓 suǒwèi	挫折 cuòzhé	小辫儿 xiǎobiànr
笼统 lǒngtǒng	缝隙 fèngxì	签订 qiāndìng	苗条 miáo · tiao	遵循 zūnxún
温度计 wēndùjì	狡猾 jiǎohuá	忍耐 rěnnài	袅袅 niǎoniǎo	船舶 chuánbó
鼻梁儿 bíliángr	野蛮 yěmán	岁月 suìyuè	殴打 ōudǎ	扣押 kòuyā
番茄 fānqié	不必 bùbì	外贸 wàimào	入侵 rùqīn	挑剔 tiāo · ti
转动 zhuǎndòng	美满 měimǎn	此后 cǐhòu	哽咽 gěngyè	

三、朗读短文（400 个音节，限时 4 分钟，共 30 分）

作品 52 号

四、命题说话（请在下列话题中任选一个，限时 3 分钟，共 40 分）

1. 我和体育

2. 我的成长之路

试卷七十八

一、读单音节字词（100 个音节，限时 3.5 分钟，共 10 分）

左 zuǒ	叶 yè	温 wēn	晒 shài	娶 qǔ	娘 niáng	卵 luǎn	及 jí	辅 fǔ	蹭 cèng
拥 yōng	醉 zuì	刘 Liú	逆 nì	无 wú	穷 qióng	闪 shǎn	憨 hān	铲 chǎn	阀 fá
塔 tǎ	族 zú	予 yǔ	婶 shěn	旗 qí	亩 mǔ	壳 ké	衬 chèn	愤 fèn	徽 huī
施 shī	排 pái	模 mó	锄 chú	骇 hài	腭 è	纵 zòng	元 yuán	碳 tàn	炕 kàng
眨 zhǎ	穴 xué	讨 tǎo	嚷 rǎng	判 pàn	宠 chǒng	口 kǒu	鹤 hè	凤 fèng	明 míng
锡 xī	天 tiān	认 rèn	抛 pāo	骂 mà	宽 kuān	遮 zhē	簧 huáng	旦 dàn	钵 bō
吐 tǔ	若 ruò	憋 biē	镁 měi	盗 dào	君 jūn	赣 Gàn	置 zhì	熊 xióng	破 pò
缩 suō	毙 bì	绝 jué	盆 pén	络 luò	嫡 dí	想 xiǎng	葛 Gě	中 zhōng	入 rù
幢 zhuàng	完 wán	髓 suǐ	缺 quē	拧 nǐng	轮 lún	酒 jiǔ	庚 gēng	滇 Diān	碍 ài
仪 yí	界 jiè	轨 guǐ	位 wèi	权 quán	拗 niù	捏 niē	略 lüè	苍 cāng	酸 suān

二、读多音节词语（100 个音节，限时 2.5 分钟，共 20 分）

捕捉 bǔzhuō	芝麻 zhī · ma	斧头 fǔ · tóu	经纪人 jīngjìrén	那里 nà · lǐ
仍旧 réngjiù	完善 wánshàn	一块儿 yīkuàir	凑近 còujìn	公婆 gōngpó
老年 lǎonián	新颖 xīnyǐng	搜集 sōují	片刻 piànkè	讲解 jiǎngjiě
额外 éwài	照耀 zhàoyào	面貌 miànmào	企图 qǐtú	满足 mǎnzú
烟卷儿 yānjuǎnr	存折 cúnzhé	鬼脸 guǐliǎn	夸张 kuāzhāng	灯笼 dēng · long
呕吐 ǒutù	私人 sīrén	旋律 xuánlǜ	谎言 huǎngyán	水流 shuǐliú
茶馆儿 cháguǎnr	拍摄 pāishè	莲子 liánzǐ	赤诚 chìchéng	钻研 zuānyán
兔子 tù · zi	包装 bāozhuāng	宁静 níngjìng	丰腴 fēngyú	开支 kāizhī
卫生 wèishēng	荣誉 róngyù	斗笠 dǒulì	和声 héshēng	走向 zǒuxiàng
清晨 qīngchén	蛋黄儿 dànhuángr	神秘 shénmì	太阳能 tàiyángnéng	

三、朗读短文（400 个音节，限时 4 分钟，共 30 分）

作品 15 号

四、命题说话（请在下列话题中任选一个，限时 3 分钟，共 40 分）

1. 难忘的旅行

2. 谈谈个人修养

试卷七十九

一、读单音节字词（100 个音节，限时 3.5 分钟，共 10 分）

庵 ān	揣 chuāi	纺 fǎng	荒 huāng	口 kǒu	膜 mó	盘 pán	色 sè	铁 tiě	宜 yí
瓷 cí	傲 ào	泡 pào	思 sī	焚 fén	啃 kěn	鸣 míng	耗 hào	鱼 yú	痛 tòng
播 bō	摧 cuī	疯 fēng	寒 hán	块 kuài	庙 miào	捧 pěng	尤 yóu	未 wèi	松 sōng
荡 dàng	敝 bì	俯 fǔ	后 hòu	捆 kǔn	闷 mèn	愿 yuàn	僧 sēng	玩 wán	起 qǐ
缸 gāng	级 jí	膘 biāo	蒂 dì	乐 lè	纳 nà	泉 quán	湿 shī	望 wàng	葬 zàng
菌 jūn	栏 lán	债 zhài	青 qīng	泵 bèng	颠 diān	篙 gāo	生 shēng	围 wéi	脓 nóng
镇 zhèn	鸟 niǎo	钱 qián	疏 shū	榜 bǎng	叼 diāo	柜 guì	决 jué	习 xí	犁 lí
心 xīn	岔 chà	锻 duàn	勾 gōu	滞 zhì	俩 liǎ	囊 náng	任 rèn	拴 shuān	尖 jiān
馋 chán	饵 ěr	走 zǒu	脚 jiǎo	令 lìng	拟 nǐ	弱 ruò	踏 tà	胸 xiōng	羹 gēng
溶 róng	弹 dàn	闲 xián	辰 chén	资 zī	或 huò	咳 ké	母 mǔ	牌 pái	筏 fá

二、读多音节词语（100 个音节，限时 2.5 分钟，共 20 分）

玫瑰 méi · gui	棕榈 zōnglǘ	挖潜 wāqián	如同 rútóng	女性 nǚxìng
渴望 kěwàng	底层 dǐcéng	血浆 xuèjiāng	宿营 sùyíng	钢镚儿 gāngbèngr
庞大 pángdà	粉碎 fěnsuì	管辖 guǎnxiá	不堪 bùkān	刀背儿 dāobèir
樱花 yīnghuā	探询 tànxún	缺陷 quēxiàn	措施 cuòshī	活跃 huóyuè
烦恼 fánnǎo	椭圆 tuǒyuán	偶像 ǒuxiàng	弥补 míbǔ	朝廷 cháotíng
张罗 zhāng · luo	主旨 zhǔzhǐ	教学 jiàoxué	边缘 biānyuán	平时 píngshí
昆虫 kūnchóng	恶劣 èliè	半截儿 bànjiér	许诺 xǔnuò	始祖 shǐzǔ
奏鸣曲 zòumíngqǔ	委婉 wěiwǎn	人生 rénshēng	哨子 shào · zi	想象力 xiǎngxiànglì
静脉 jìngmài	穿着 chuānzhuó	勇猛 yǒngměng	琐碎 suǒsuì	操纵 cāozòng
老本儿 lǎoběnr	后期 hòuqī	领域 lǐngyù	全体 quántǐ	

三、朗读短文（400 个音节，限时 4 分钟，共 30 分）

作品 30 号

四、命题说话（请在下列话题中任选一个，限时 3 分钟，共 40 分）

1. 我尊敬的人
2. 学习普通话的体会

试卷八十

一、读单音节字词（100 个音节，限时 3.5 分钟，共 10 分）

极 jí　龙 lóng　命 mìng　拳 quán　宋 Sòng　涡 wō　姨 yí　触 chù　灼 zhuó　份 fèn

罢 bà　党 dǎng　告 gào　捐 juān　露 lù　钠 nà　渠 qú　刹 chà　湾 wān　舀 yǎo

蹬 dēng　波 bō　麝 shè　琴 qín　留 liú　裹 guǒ　居 jū　浓 nóng　渊 yuān　巫 wū

方 fāng　灰 huī　孔 kǒng　蔗 zhè　脾 pí　日 rì　贪 tān　旬 xún　村 cūn　冒 mào

惯 guàn　丙 bǐng　敌 dí　进 jìn　强 qiáng　临 lín　拭 shì　嫩 nèn　昔 xī　凿 záo

奖 jiǎng　列 liè　泥 ní　软 ruǎn　憎 zēng　叙 xù　别 bié　爹 diē　顾 gù　蜀 Shǔ

可 kě　摩 mó　扑 pū　渍 zì　朵 duǒ　工 gōng　驼 tuó　峡 xiá　蹦 bèng　扔 rēng

撰 zhuàn　阔 kuò　斯 sī　免 miǎn　气 qì　呈 chéng　奉 fèng　瓮 wèng　延 yán　河 hé

此 cǐ　儿 ér　壶 hú　坑 kēng　慢 màn　卒 zú　熔 róng　泰 tài　薪 xīn　贫 pín

火 huǒ　诊 zhěn　蒙 méng　攀 pān　塞 sāi　啼 tí　晓 xiǎo　缠 chán　赋 fù　筐 kuāng

二、读多音节词语（100 个音节，限时 2.5 分钟，共 20 分）

镜子 jìng · zi　阻挡 zǔdǎng　窝头 wōtóu　让步 ràngbù　那样 nàyàng

洪水 hóngshuǐ　从事 cóngshì　左面 zuǒmiàn　萝卜 luó · bo　软弱 ruǎnruò

忙碌 mánglù　伟人 wěirén　磁铁 cítiě　化学 huàxué　土产 tǔchǎn

痊愈 quányù　岁数 suì · shu　指点 zhǐdiǎn　惩罚 chéngfá　官僚 guānliáo

蜜蜂 mìfēng　樟脑 zhāngnǎo　旦角儿 dànjuér　田埂 tiángěng　跟随 gēnsuí

崇拜 chóngbài　理想 lǐxiǎng　清真寺 qīngzhēnsì　雨伞 yǔsǎn　手软 shǒuruǎn

撇开 piē · kāi　跑腿儿 pǎotuǐr　苦恼 kǔnǎo　疯狂 fēngkuáng　奥秘 àomì

思忖 sīcǔn　啤酒 píjiǔ　控制 kòngzhì　法令 fǎlìng　打盹儿 dǎdǔnr

研究生 yánjiūshēng　比如 bǐrú　响亮 xiǎngliàng　表彰 biǎozhāng　内在 nèizài

驾驶 jiàshǐ　顶点 dǐngdiǎn　小瓮儿 xiǎowèngr　树苗 shùmiáo

三、朗读短文（400 个音节，限时 4 分钟，共 30 分）

作品 4 号

四、命题说话（请在下列话题中任选一个，限时 3 分钟，共 40 分）

1. 我的朋友

2. 我的假日生活

试卷八十一

一、读单音节字词（100 个音节，限时 3.5 分钟，共 10 分）

撮 cuō	腋 yè	驮 tuó	砷 shēn	派 pài	帽 mào	菌 jūn	盖 gài	跌 diē	柴 chái
忆 yì	攥 zuàn	即 jí	谜 mí	宫 gōng	吞 tūn	潘 Pān	涮 shuàn	唱 chàng	定 dìng
迅 xùn	钛 tài	揍 zòu	辱 rǔ	旁 páng	蓝 lán	导 dǎo	局 jú	称 chēng	拐 guǎi
梯 tī	软 ruǎn	跑 pǎo	兹 zī	悉 xī	敬 jìng	副 fù	礼 lǐ	逗 dòu	爸 bà
嗓 sǎng	仍 réng	奶 nǎi	烛 zhú	秀 xiù	泪 lèi	般 bān	犯 fàn	粗 cū	喊 hǎn
劝 quàn	牛 niú	不 bù	合 hé	飞 fēi	次 cì	闸 zhá	续 xù	涩 sè	拢 lǒng
翁 wēng	祀 sì	区 qū	风 fēng	棒 bàng	克 kè	胡 hú	测 cè	褶 zhě	念 niàn
保 bǎo	您 nín	炕 kàng	耸 sǒng	划 huá	而 ér	存 cún	执 zhí	毋 wú	弃 qì
阅 yuè	袜 wà	臂 bì	潜 qián	脉 mài	哭 kū	国 guó	夺 duó	蚕 cán	衫 shān
捎 shāo	秋 qiū	戴 dài	狂 kuáng	硅 guī	磨 mó	查 chá	焉 yān	辈 bèi	妄 wàng

二、读多音节词语（100 个音节，限时 2.5 分钟，共 20 分）

董事 dǒngshì	针鼻儿 zhēnbír	涣散 huànsàn	秩序 zhìxù	热爱 rè'ài
违反 wéifǎn	纳入 nàrù	棒子 bàng · zi	凡人 fánrén	可以 kěyǐ
笔迹 bǐjì	平行 píngxíng	所属 suǒshǔ	享有 xiǎngyǒu	草率 cǎoshuài
打听 dǎ · ting	肤浅 fūqiǎn	扩张 kuòzhāng	炮弹 pàodàn	山峰 shānfēng
原子核 yuánzǐhé	厄运 èyùn	政治 zhèngzhì	难受 nánshòu	色彩 sècǎi
有劲儿 yǒujìnr	侮辱 wǔrǔ	近郊 jìnjiāo	鼓掌 gǔzhǎng	两岸 liǎng'àn
吓唬 xià · hu	齿龈 chǐyín	全身 quánshēn	原始 yuánshǐ	申请 shēnqǐng
瓜子儿 guāzǐr	娼妓 chāngjì	棘手 jíshǒu	轮流 lúnliú	前后 qiánhòu
太阳系 tàiyángxì	增添 zēngtiān	获悉 huòxī	丛林 cónglín	墨汁儿 mòzhīr
勉强 miǎnqiǎng	作战 zuòzhàn	土壤 tǔrǎng	如下 rúxià	

三、朗读短文（400 个音节，限时 4 分钟，共 30 分）

作品 57 号

四、命题说话（请在下列话题中任选一个，限时 3 分钟，共 40 分）

1. 我知道的风俗

2. 我的愿望（或理想）

试卷八十二

一、读单音节字词（100 个音节，限时 3.5 分钟，共 10 分）

蚶 hān	赵 Zhào	抹 mǒ	凝 níng	球 qiú	顺 shùn	泄 xiè	禅 chán	垛 duǒ	刻 kè
赚 zhuàn	浑 hún	阔 kuò	蛮 mán	篇 piān	惹 rě	沈 Shěn	脆 cuì	移 yí	纺 fǎng
黯 àn	葱 cōng	抚 fǔ	悔 huǐ	捆 kǔn	每 měi	配 pèi	如 rú	为 wéi	鱼 yú
皆 jiē	俩 liǎ	子 zǐ	潜 qián	似 sì	下 xià	扳 bān	澄 dèng	轨 guǐ	拟 nǐ
慈 cí	奥 ào	彭 Péng	脑 nǎo	由 yóu	逢 féng	欢 huān	卡 kǎ	门 mén	万 wàn
档 dàng	辟 pì	埂 gěng	举 jǔ	牢 láo	肉 ròu	则 zé	宿 sù	席 xí	曲 qǔ
驳 bó	岗 gǎng	急 jí	戳 chuō	李 lǐ	米 mǐ	皮 pí	压 yā	王 wáng	日 rì
糕 gāo	嫁 jià	烂 làn	耐 nài	砌 qì	虽 suī	吾 wú	瘪 biě	丞 chéng	灶 zào
刹 chà	缔 dì	氦 hài	今 jīn	战 zhàn	说 shuō	捏 niē	鲜 xiān	勤 qín	律 lǜ
饵 ěr	只 zhǐ	苦 kǔ	卖 mài	品 pǐn	青 qīng	砂 shā	许 xǔ	皴 cūn	伙 huǒ

二、读多音节词语（100 个音节，限时 2.5 分钟，共 20 分）

柿子 shì · zi	保管 bǎoguǎn	电荷 diànhè	卡片 kǎpiàn	普查 pǔchá
唆使 suōshǐ	阅读 yuèdú	本领 běnlǐng	转悠 zhuàn · you	仿佛 fǎngfú
可取 kěqǔ	千古 qiāngǔ	态度 tài · dù	赞成 zànchéng	比例尺 bǐlìchǐ
发掘 fājué	确证 quèzhèng	小气 xiǎo · qi	嶙峋 línxún	姿势 zīshì
退化 tuìhuà	措施 cuòshī	花瓶儿 huāpíngr	感慨 gǎnkǎi	占有 zhànyǒu
楼阁 lóugé	污染 wūrǎn	锐利 ruìlì	毛驴儿 máolǘr	差别 chābié
文件 wénjiàn	追逐 zhuīzhú	饶恕 ráoshù	共鸣 gòngmíng	闹钟 nàozhōng
暗中 ànzhōng	奈何 nàihé	合群儿 héqúnr	纯粹 chúncuì	色泽 sèzé
选手 xuǎnshǒu	基本功 jīběngōng	等候 děnghòu	脚趾 jiǎozhǐ	杀戮 shālù
爬行 páxíng	模特儿 mótèr	羊毛 yángmáo	爱护 àihù	

三、朗读短文（400 个音节，限时 4 分钟，共 30 分）

作品 10 号

四、命题说话（请在下列话题中任选一个，限时 3 分钟，共 40 分）

1. 我喜爱的职业

2. 我的学习生活

试卷八十三

一、读单音节字词（100 个音节，限时 3.5 分钟，共 10 分）

澳 ào　醋 cù　讽 fěng　壑 hè　狼 láng　秒 miǎo　驱 qū　速 sù　吴 Wú　遗 yí

攒 zǎn　掰 bāi　杠 gàng　集 jí　浅 qiǎn　闪 shǎn　老 lǎo　暖 nuǎn　渔 yú　卫 wèi

镐 gǎo　结 jié　帛 bó　啐 cuì　里 lǐ　囊 náng　犹 yóu　亡 wáng　轻 qīng　射 shè

颠 diān　耿 gěng　鬓 bìn　巨 jù　神 shén　连 lián　温 wēn　娘 niáng　瑞 ruì　紫 zǐ

规 guī　竟 jìng　灵 líng　凝 níng　总 zǒng　石 shí　洗 xǐ　碧 bì　貂 diāo　柔 róu

蒋 Jiǎng　路 lù　嘴 zuǐ　韧 rèn　探 tàn　写 xiě　爆 bào　剁 duò　寡 guǎ　披 pī

蝉 chán　兑 duì　骇 hài　客 kè　张 zhāng　片 piàn　润 rùn　徒 tú　县 xiàn　末 mò

函 hán　找 zhǎo　棚 péng　迈 mài　相 xiāng　题 tí　橙 chéng　蝶 dié　僧 sēng　困 kùn

妃 fēi　醇 chún　序 xù　汁 zhī　狂 kuáng　密 mì　陪 péi　死 sǐ　添 tiān　汇 huì

珠 zhū　豁 huō　坑 kēng　美 měi　器 qì　筹 chóu　隋 Suí　挽 wǎn　押 yā　甫 fǔ

二、读多音节词语（100 个音节，限时 2.5 分钟，共 20 分）

懊丧 àosàng　姐夫 jiě · fu　抵挡 dǐdǎng　开关 kāiguān　内涵 nèihán

私营 sīyíng　延续 yánxù　篝火 gōuhuǒ　小熊儿 xiǎoxióngr　错位 cuòwèi

征收 zhēngshōu　汽油 qìyóu　铁路 tiělù　秘书 mìshū　尾巴 wěi · ba

变压器 biànyāqì　场景 chǎngjǐng　金融 jīnróng　农田 nóngtián　人物 rénwù

血液 xuèyè　中枢 zhōngshū　名义 míngyì　溶解 róngjiě　心底 xīndǐ

红包儿 hóngbāor　产销 chǎnxiāo　红晕 hóngyùn　把持 bǎchí　碉堡 diāobǎo

分寸 fēn · cun　可爱 kě'ài　佩服 pèi · fú　迎接 yíngjiē　食盐 shíyán

碎步儿 suìbùr　扼杀 èshā　流行 liúxíng　平衡 pínghéng　少数 shǎoshù

博物馆 bówùguǎn　子孙 zǐsūn　草本 cǎoběn　反省 fǎnxǐng　陆续 lùxù

果冻儿 guǒdòngr　足球 zúqiú　推荐 tuījiàn　轻视 qīngshì

三、朗读短文（400 个音节，限时 4 分钟，共 30 分）

作品 27 号

四、命题说话（请在下列话题中任选一个，限时 3 分钟，共 40 分）

1. 谈谈美食

2. 谈谈社会公德（或职业道德）

试卷八十四

一、读单音节字词（100 个音节，限时 3.5 分钟，共 10 分）

抑 yì	瓮 wèng	酥 sū	饶 ráo	奴 nú	楼 lóu	句 jù	环 huán	尔 ěr	闭 bì
棕 zōng	俞 yú	腕 wàn	熟 shú	敲 qiāo	尼 ní	理 lǐ	简 jiǎn	归 guī	抵 dǐ
佟 Tóng	时 shí	氢 qīng	蜜 mì	课 kè	金 jīn	公 gōng	澡 zǎo	铣 xǐ	磁 cí
哲 zhé	絮 xù	亭 tíng	摄 shè	批 pī	妙 miào	亏 kuī	舱 cāng	复 fù	几 jǐ
猿 yuán	攒 zǎn	独 dú	屠 tú	加 jiā	趋 qū	莫 mò	拴 shuān	联 lián	管 guǎn
北 běi	遣 qiǎn	酿 niàng	咧 liě	净 jìng	果 guǒ	岛 dǎo	诱 yòu	韦 wéi	搜 sōu
玄 xuán	剃 tì	旨 zhǐ	封 fēng	伤 shāng	镁 měi	骗 piàn	春 chūn	何 hé	矿 kuàng
伍 wǔ	衍 yǎn	变 biàn	绥 suí	酒 jiǔ	鹿 lù	话 huà	孽 niè	挡 dǎng	乳 rǔ
潭 tán	闰 rùn	捧 pěng	察 chá	寒 hán	范 fàn	盅 zhōng	械 xiè	快 kuài	满 mǎn
俟 sì	蕊 ruǐ	虫 chóng	废 fèi	库 kù	湖 hú	铸 zhù	饷 xiǎng	磷 lín	胚 pēi

二、读多音节词语（100 个音节，限时 2.5 分钟，共 20 分）

惩罚 chéngfá	衣兜儿 yīdōur	光芒 guāngmáng	老虎 lǎohǔ	肿胀 zhǒngzhàng
腾空 téngkōng	起源 qǐyuán	奥秘 àomì	名字 míng · zi	动脉 dòngmài
进化论 jìnhuàlùn	农药 nóngyào	死板 sǐbǎn	西装 xīzhuāng	增援 zēngyuán
面孔 miànkǒng	人行道 rénxíngdào	火锅儿 huǒguōr	此外 cǐwài	桅杆 wéigān
黄土 huángtǔ	本地 běndì	反正 fǎnzhèng	舌头 shé · tou	开辟 kāipì
品德 pǐndé	醒悟 xǐngwù	扫兴 sǎoxìng	家伙 jiā · huo	安装 ānzhuāng
参谋 cānmóu	洪水 hóngshuǐ	纳税 nàshuì	容颜 róngyán	温馨 wēnxīn
鱼漂儿 yúpiāor	波浪 bōlàng	幅度 fúdù	可靠 kěkào	平日 píngrì
守法 shǒufǎ	招徕 zhāolái	故乡 gùxiāng	租赁 zūlìn	侵蚀 qīnshí
拖延 tuōyán	顶牛儿 dǐngniúr	撤销 chèxiāo	领土 lǐngtǔ	

三、朗读短文（400 个音节，限时 4 分钟，共 30 分）

作品 43 号

四、命题说话（请在下列话题中任选一个，限时 3 分钟，共 40 分）

1. 我向往的地方

2. 我喜欢的节日

试卷八十五

一、读单音节字词（100 个音节，限时 3.5 分钟，共 10 分）

百 bǎi	处 chù	赴 fù	汉 Hàn	渴 kě	录 lù	帕 pà	扰 rǎo	宿 sù	喜 xǐ
吹 chuī	瓣 bàn	癖 pǐ	刃 rèn	肺 fèi	恐 kǒng	虎 hǔ	砧 zhēn	现 xiàn	四 sì
峰 fēng	寸 cùn	饱 bǎo	剖 pōu	墨 mò	画 huà	枯 kū	鞋 xié	叹 tàn	锐 ruì
枣 zǎo	地 dì	锅 guō	己 jǐ	址 zhǐ	猛 měng	图 tú	消 xiāo	儒 rú	圃 pǔ
蛋 dàn	谷 gǔ	径 jìng	并 bìng	力 lì	棉 mián	频 pín	识 shí	听 tīng	鸭 yā
弓 gōng	具 jù	疑 yí	脸 liǎn	畔 pàn	铜 tóng	善 shàn	扁 biǎn	瞪 dèng	庙 miào
赠 zèng	给 gěi	旧 jiù	羽 yǔ	倪 ní	必 bì	欠 qiàn	上 shàng	五 wǔ	辆 liàng
褶 zhě	缘 yuán	恼 nǎo	渠 qú	深 shēn	擦 cā	叠 dié	纬 wěi	料 liào	夹 jiá
油 yóu	届 jiè	属 shǔ	撵 niǎn	清 qīng	列 liè	网 wǎng	辞 cí	豆 dòu	狗 gǒu
耳 ěr	和 hé	淋 lín	刊 kān	床 chuáng	镍 niè	桥 qiáo	随 suí	文 wén	咂 zā

二、读多音节词语（100 个音节，限时 2.5 分钟，共 20 分）

官司 guān · si	本体 běntǐ	福利 fúlì	颗粒 kēlì	泼辣 pōlà
贪污 tānwū	异常 yìcháng	恐怕 kǒngpà	漂白粉 piǎobáifěn	思想家 sīxiǎngjiā
炫耀 xuànyào	一下儿 yīxiàr	住宅 zhùzhái	短期 duǎnqī	中医 zhōngyī
扭转 niǔzhuǎn	搜捕 sōubǔ	老伴儿 lǎobànr	促进 cùjìn	硝烟 xiāoyān
就业 jiùyè	草地 cǎodì	古老 gǔlǎo	首饰 shǒu · shì	民俗 mínsú
曲面 qūmiàn	腿脚 tuǐjiǎo	宗教 zōngjiào	耳膜儿 ěrmór	阐明 chǎnmíng
缓和 huǎnhé	迷人 mírén	钻研 zuānyán	婉转 wǎnzhuǎn	乳白 rǔbái
解决 jiějué	号码儿 hàomǎr	陈旧 chénjiù	障碍 zhàng'ài	任教 rènjiào
违抗 wéikàng	内外 nèiwài	部落 bùluò	耷拉 dā · la	反动 fǎndòng
零售 língshòu	浅显 qiǎnxiǎn	拥挤 yōngjǐ	声乐 shēngyuè	

三、朗读短文（400 个音节，限时 4 分钟，共 30 分）

作品 39 号

四、命题说话（请在下列话题中任选一个，限时 3 分钟，共 40 分）

1. 我的业余生活

2. 我喜爱的动物（或植物）

试卷八十六

一、读单音节字词（100 个音节，限时 3.5 分钟，共 10 分）

摆 bǎi	叉 chā	服 fú	回 huí	叩 kòu	腻 nì	瞧 qiáo	缫 sāo	蒙 mēng	寓 yù
迟 chí	伴 bàn	碾 niǎn	琴 qín	锋 fēng	嗣 sì	捂 wǔ	挤 jǐ	历 lì	崽 zǎi
股 gǔ	景 jǐng	包 bāo	翠 cuì	啮 niè	情 qíng	裂 liè	噪 zào	皖 Wǎn	诉 sù
接 jiē	练 liàn	挪 nuó	笨 bèn	挫 cuò	郭 guō	斩 zhǎn	汤 tāng	斜 xié	绒 róng
淡 dàn	拐 guǎi	家 jiā	良 liáng	甜 tián	戏 xì	趾 zhǐ	必 bì	柔 róu	庞 páng
津 jīn	订 dìng	惯 guàn	揍 zòu	刨 páo	辱 rǔ	藤 téng	厢 xiāng	鞭 biān	陆 lù
词 cí	吨 dūn	互 hù	铸 zhù	鳗 mán	魄 pò	实 shí	体 tǐ	辛 xīn	俱 jù
河 hé	康 kāng	蟒 mǎng	瞟 piǎo	身 shēn	透 tòu	楚 chǔ	帝 dì	乙 yǐ	婴 yīng
燕 yàn	酷 kù	嵌 qiàn	赏 shǎng	貌 mào	尾 wěi	姚 Yáo	撑 chēng	倒 dǎo	汗 hàn
扩 kuò	鼠 shǔ	牧 mù	曲 qǔ	酉 yǒu	忘 wàng	场 chǎng	噎 yē	滑 huá	肥 féi

二、读多音节词语（100 个音节，限时 2.5 分钟，共 20 分）

安顿 āndùn	丹顶鹤 dāndǐnghè	柴火 chái · huo	容纳 róngnà	鉴定 jiàndìng
农户 nónghù	胸脯 xiōngpú	花盆儿 huāpénr	簇拥 cùyōng	喝彩 hècǎi
昼夜 zhòuyè	抢救 qiǎngjiù	玩具 wánjù	满足 mǎnzú	餐厅 cāntīng
平静 píngjìng	饭馆儿 fànguǎnr	审美 shěnměi	杆菌 gǎnjūn	乐观 lèguān
四边形 sìbiānxíng	堡垒 bǎolěi	扼要 èyào	考试 kǎoshì	木头 mù · tou
难怪 nánguài	线圈 xiànquān	思索 sīsuǒ	桂冠 guìguān	廉价 liánjià
作风 zuòfēng	体质 tǐzhì	手绢儿 shǒujuànr	朝拜 cháobài	倾斜 qīngxié
知识 zhī · shi	懊恼 àonǎo	捣毁 dǎohuǐ	解答 jiědá	眼神 yǎnshén
柔和 róuhé	未必 wèibì	粉刺 fěncì	控制 kòngzhì	辩驳 biànbó
透亮儿 tòuliàngr	疲劳 píláo	速率 sùlǜ	营业 yíngyè	

三、朗读短文（400 个音节，限时 4 分钟，共 30 分）

作品 53 号

四、命题说话（请在下列话题中任选一个，限时 3 分钟，共 40 分）

1. 谈谈服饰

2. 我喜欢的季节（或天气）

试卷八十七

一、读单音节字词（100 个音节，限时 3.5 分钟，共 10 分）

坐 zuò	已 yǐ	文 wén	伸 shēn	叛 pàn	媚 mèi	糠 kāng	户 hù	愤 fèn	储 chǔ
铀 yóu	罪 zuì	泯 mǐn	磕 kē	旱 hàn	武 wǔ	傻 shǎ	仆 pú	铲 chǎn	凤 fèng
望 wàng	烧 shāo	眯 mī	泼 pō	坎 kǎn	自 zì	约 yuē	逞 chěng	跌 diē	颌 hé
突 tū	然 rán	坪 píng	陆 lù	昏 hūn	冬 dōng	扩 kuò	足 zú	牙 yá	拌 bàn
细 xì	唐 táng	弱 ruò	袍 páo	例 lì	泊 bó	卦 guà	蹲 dūn	造 zào	枯 kū
人 rén	溺 nì	梗 gěng	鬓 bìn	剧 jù	朵 duǒ	摘 zhāi	袖 xiù	替 tì	炼 liàn
腔 qiāng	贬 biǎn	脊 jǐ	猎 liè	胀 zhàng	邪 xié	田 tián	渡 dù	乖 guāi	捻 niǎn
虽 suī	榜 bǎng	捺 nà	状 zhuàng	漏 lòu	销 xiāo	贡 gòng	典 diǎn	颈 jǐng	取 qǔ
周 zhōu	型 xíng	悲 bēi	秦 Qín	螨 mǎn	驴 lǘ	届 jiè	妇 fù	苍 cāng	寺 sì
雨 yǔ	伪 wěi	拾 shí	仅 jǐn	废 fèi	搓 cuō	巧 qiǎo	铆 mǎo	令 lìng	哀 āi

二、读多音节词语（100 个音节，限时 2.5 分钟，共 20 分）

黑夜 hēiyè	一会儿 yīhuìr	城镇 chéngzhèn	停泊 tíngbó	笼统 lǒngtǒng
增进 zēngjìn	悄然 qiǎorán	豆子 dòu · zi	比例尺 bǐlìchǐ	风光 fēngguāng
纠纷 jiūfēn	浓缩 nóngsuō	死守 sǐshǒu	硝酸 xiāosuān	自由 zìyóu
忍痛 rěntòng	石子儿 shízǐr	瓦解 wǎjiě	从来 cónglái	合适 héshì
糜烂 mílàn	安心 ānxīn	亲戚 qīn · qi	审理 shěnlǐ	附着 fùzhuó
南瓜 nán · guā	客观 kèguān	月球 yuèqiú	参与 cānyù	公主 gōngzhǔ
凭空 píngkōng	小鞋儿 xiǎoxiér	流传 liúchuán	体检 tǐjiǎn	折磨 zhé · mó
傍晚 bàngwǎn	广义 guǎngyì	云彩 yún · cai	开门 kāimén	盘踞 pánjù
勇敢 yǒnggǎn	扫描 sǎomiáo	垫底儿 diàndǐr	动摇 dòngyáo	祝贺 zhùhè
蒙古包 měnggǔbāo	融资 róngzī	乌贼 wūzéi	脚印 jiǎoyìn	

三、朗读短文（400 个音节，限时 4 分钟，共 30 分）

作品 21 号

四、命题说话（请在下列话题中任选一个，限时 3 分钟，共 40 分）

1. 谈谈卫生与健康

2. 我的家乡（或熟悉的地方）

试卷八十八

一、读单音节字词（100 个音节，限时 3.5 分钟，共 10 分）

傍 bàng	赐 cì	链 liàn	聂 Niè	焚 fén	计 jì	燃 rán	堂 táng	映 yìng	夏 xià
床 chuáng	肢 zhī	豪 háo	纹 wén	抠 kōu	闽 Mǐn	裘 qiú	食 shí	液 yè	负 fù
鼓 gǔ	尽 jìn	暖 nuǎn	绕 rào	凸 tū	邻 lín	豹 bào	粗 cū	血 xuè	杂 zá
槽 cáo	癌 ái	蜂 fēng	吼 hǒu	粒 lì	黏 nián	禽 qín	收 shōu	系 xì	扬 yáng
愧 kuì	呛 qiàng	游 yóu	弥 mí	触 chù	剩 shèng	顿 dùn	旺 wàng	轴 zhóu	槐 huái
叫 jiào	柳 liǔ	增 zēng	甜 tián	坪 píng	笑 xiào	蔽 bì	钓 diào	躬 gōng	撒 sǎ
尝 cháng	鼎 dǐng	挥 huī	廓 kuò	者 zhě	瓢 piáo	以 yǐ	色 sè	惟 wéi	卯 mǎo
宗 zōng	昧 mèi	契 qì	稍 shāo	舞 wǔ	语 yǔ	尘 chén	懂 dǒng	鹤 hè	窟 kū
佃 diàn	惯 guàn	井 jǐng	鲁 lǔ	劈 pī	仁 rén	贼 zéi	歇 xiē	卑 bēi	通 tōng
护 hù	铂 bó	碟 dié	据 jù	曼 màn	账 zhàng	似 sì	套 tào	芽 yá	佩 pèi

二、读多音节词语（100 个音节，限时 2.5 分钟，共 20 分）

根除 gēnchú	免疫 miǎnyì	逗乐儿 dòulèr	存心 cúnxīn	染色 rǎnsè
温柔 wēnróu	祖国 zǔguó	补丁 bǔ · ding	保护色 bǎohùsè	反比 fǎnbǐ
劫持 jiéchí	盆地 péndì	树干 shùgàn	旋律 xuánlǜ	海棠 hǎitáng
打鸣儿 dǎmíngr	齿轮 chǐlún	增多 zēngduō	流氓 liúmáng	同胞 tóngbāo
人力 rénlì	平等 píngděng	风靡 fēngmǐ	首长 shǒuzhǎng	氨基酸 ānjīsuān
空军 kōngjūn	区分 qūfēn	鸦片 yāpiàn	恶霸 èbà	诸如 zhūrú
脑子 nǎo · zi	火苗儿 huǒmiáor	损失 sǔnshī	消亡 xiāowáng	检举 jiǎnjǔ
插秧 chāyāng	桂圆 guìyuán	课程 kèchéng	浪头 làng · tou	倾斜 qīngxié
赢得 yíngdé	途径 tújìng	真诚 zhēnchéng	菜刀 càidāo	物理 wùlǐ
环球 huánqiú	门洞儿 méndòngr	思路 sīlù	凝结 níngjié	

三、朗读短文（400 个音节，限时 4 分钟，共 30 分）

作品 35 号

四、命题说话（请在下列话题中任选一个，限时 3 分钟，共 40 分）

1. 购物（消费）的感受

2. 我喜爱的文学（或其他艺术形式）

试卷八十九

一、读单音节字词（100 个音节，限时 3.5 分钟，共 10 分）

冯 Féng　翅 chì　霉 méi　褐 hè　庵 ān　史 shǐ　夸 kuā　勤 qín　友 yǒu　唯 wéi
甲 jiǎ　团 tuán　挪 nuó　砖 zhuān　日 rì　雪 xuě　蚌 bàng　镀 dù　龟 guī　良 liáng
碑 bēi　发 fā　壕 háo　裤 kù　沉 chén　勿 wù　觅 mì　抢 qiǎng　酸 suān　羊 yáng
窗 chuāng　艾 ài　付 fù　化 huà　眶 kuàng　锚 máo　瞟 piǎo　僧 sēng　翁 wēng　矣 yǐ
常 cháng　扮 bàn　皿 mǐn　佛 fó　记 jì　叩 kòu　娶 qǔ　闻 wén　夜 yè　生 shēng
龚 Gōng　戒 jiè　铃 líng　募 mù　请 qǐng　手 shǒu　万 wàn　辩 biàn　炒 chǎo　咱 zán
侧 cè　奠 diàn　效 xiào　织 zhī　坤 kūn　蔓 màn　坯 pī　洒 sǎ　塘 táng　沪 hù
锻 duàn　估 gū　尽 jìn　脖 bó　硫 liú　蔫 niān　砸 zá　睡 shuì　吓 xià　任 rèn
棍 gùn　鲸 jīng　染 rǎn　卤 lǔ　填 tián　帐 zhàng　些 xiē　瘪 biě　窦 dòu　拗 niù
哈 hā　总 zǒng　擦 cā　叮 dīng　旅 lǚ　撇 piě　软 ruǎn　逃 táo　行 háng　距 jù

二、读多音节词语（100 个音节，限时 2.5 分钟，共 20 分）

交情 jiāo · qing　饱和 bǎohé　都市 dūshì　锦标赛 jǐnbiāosài　尿素 niàosù
塑造 sùzào　雪白 xuěbái　待遇 dàiyù　昨天 zuótiān　缅怀 miǎnhuái
肉眼 ròuyǎn　弯曲 wānqū　赶趟儿 gǎntàngr　记载 jìzǎi　鞋带儿 xiédàir
词组 cízǔ　黄瓜 huáng · guā　种植 zhòngzhí　前夕 qiánxī　为止 wéizhǐ
毛笔 máobǐ　攻击 gōngjī　冷眼 lěngyǎn　抓阄儿 zhuājiūr　仓库 cāngkù
言论 yánlùn　停顿 tíngdùn　朴实 pǔshí　嚎啕 háotáo　粉末儿 fěnmòr
创伤 chuāngshāng　湍流 tuānliú　落户 luòhù　亲热 qīnrè　滋味 zīwèi
被告 bèigào　念叨 niàn · dao　恶臭 èchòu　楷模 kǎimó　软弱 ruǎnruò
小姐 xiǎojiě　思潮 sīcháo　沉淀 chéndiàn　反响 fǎnxiǎng　口水 kǒushuǐ
生意 shēngyì　盘旋 pánxuán　设施 shèshī　老百姓 lǎobǎixìng

三、朗读短文（400 个音节，限时 4 分钟，共 30 分）

作品 19 号

四、命题说话（请在下列话题中任选一个，限时 3 分钟，共 40 分）

1. 我喜欢的明星（或其他知名人士）

2. 谈谈对环境保护的认识

试卷九十

一、读单音节字词（100 个音节，限时 3.5 分钟，共 10 分）

碍 ài	层 céng	罚 fá	嚎 háo	框 kuàng	漫 màn	漂 piāo	忍 rěn	投 tóu	刑 xíng
春 chūn	黯 àn	矛 máo	培 péi	听 tīng	入 rù	腐 fǔ	寇 kòu	徽 huī	亚 yà
耙 pá	恐 kǒng	媒 méi	盼 pàn	鳃 sāi	赤 chì	缝 féng	伙 huǒ	页 yè	推 tuī
否 fǒu	吼 hǒu	秘 mì	碰 pèng	酷 kù	蚁 yǐ	堡 bǎo	锤 chuí	围 wéi	守 shǒu
规 guī	垮 kuǎ	季 jì	萌 méng	有 yǒu	算 suàn	务 wù	斑 bān	川 chuān	去 qù
殿 diàn	孤 gū	凉 liáng	怒 nù	戚 qī	紧 jǐn	拴 shuān	吻 wěn	钡 bèi	字 zì
精 jīng	纵 zòng	恰 qià	料 liào	使 shǐ	博 bó	睹 dǔ	盖 gài	跳 tiào	拈 niān
直 zhí	恼 nǎo	声 shēng	瓮 wèng	擒 qín	猜 cāi	读 dú	沟 gōu	聚 jù	林 lín
测 cè	动 dòng	灌 guàn	猪 zhū	瘤 liú	您 nín	琼 qióng	孙 sūn	狭 xiá	解 jiě
针 zhēn	尖 jiān	嚷 rǎng	炉 lú	能 néng	向 xiàng	糖 táng	错 cuò	盾 dùn	赫 hè

二、读多音节词语（100 个音节，限时 2.5 分钟，共 20 分）

好转 hǎozhuǎn	自称 zìchēng	容纳 róngnà	摸黑儿 mōhēir	初恋 chūliàn
晚饭 wǎnfàn	密切 mìqiè	高粱 gāo · liang	哀乐 āiyuè	揣摩 chuǎimó
货币 huòbì	女工 nǚgōng	人体 réntǐ	无知 wúzhī	保姆 bǎomǔ
恶毒 èdú	扎实 zhā · shi	恐怕 kǒngpà	朋友 péng · you	兄弟 xiōngdì
缩小 suōxiǎo	博览会 bólǎnhuì	肤色 fūsè	颗粒 kēlì	平等 píngděng
照片儿 zhàopiānr	森林 sēnlín	引导 yǐndǎo	催眠 cuīmián	大褂儿 dàguàr
放映 fàngyìng	使命 shǐmìng	历史 lìshǐ	原来 yuánlái	启发 qǐfā
奥妙 àomiào	街坊 jiē · fang	浓度 nóngdù	典雅 diǎnyǎ	均衡 jūnhéng
水泥 shuǐní	小心 xiǎoxīn	诡辩 guǐbiàn	路过 lùguò	天窗儿 tiānchuāngr
苍穹 cāngqióng	前提 qiántí	土匪 tǔfěi	轻工业 qīnggōngyè	

三、朗读短文（400 个音节，限时 4 分钟，共 30 分）

作品 50 号

四、命题说话（请在下列话题中任选一个，限时 3 分钟，共 40 分）

1. 我所在的集体（学校、机关、公司等）

2. 谈谈科技发展与社会生活

试卷九十一

一、读单音节字词（100 个音节，限时 3.5 分钟，共 10 分）

干 gàn	晶 jīng	扳 bān	穿 chuān	鸟 niǎo	裙 qún	耍 shuǎ	六 liù	枣 zǎo	挟 xié
磕 kē	欺 qī	物 wù	赛 sài	又 yòu	幂 mì	齿 chǐ	垫 diàn	蘸 zhàn	幻 huàn
膀 páng	成 chéng	钩 gōu	进 jìn	旅 lǚ	暖 nuǎn	绕 rào	卒 zú	腥 xīng	躺 tǎng
府 fǔ	昂 áng	凑 còu	郝 Hǎo	梁 liáng	乃 nǎi	跷 qiāo	绳 shéng	夕 xī	粤 Yuè
召 zhào	为 wéi	朴 pǔ	穆 mù	使 shǐ	玉 yù	才 cái	灯 dēng	焊 hàn	窥 kuī
车 chē	奥 ào	奉 fèng	剂 jì	噙 qín	首 shǒu	湘 Xiāng	临 lín	年 nián	灾 zāi
雹 báo	痘 dòu	截 jié	宣 xuān	辣 là	庞 páng	古 gǔ	佐 zuǒ	桃 táo	认 rèn
盟 méng	洽 qià	稍 shāo	稳 wěn	英 yīng	曾 céng	值 zhí	喉 hóu	垦 kěn	法 fǎ
赌 dǔ	辫 biàn	冠 guàn	家 jiā	盲 máng	爪 zhǎo	乳 rǔ	捅 tǒng	咽 yān	硼 péng
贺 hè	挎 kuà	熔 róng	掷 zhì	拼 pīn	疼 téng	倚 yǐ	搏 bó	迭 dié	蔑 miè

二、读多音节词语（100 个音节，限时 2.5 分钟，共 20 分）

早点 zǎodiǎn	忙活 máng · huo	热带 rèdài	窝头 wōtóu	类型 lèixíng
参观 cānguān	隔壁 gébì	泥土 nítǔ	化石 huàshí	断定 duàndìng
锯齿儿 jùchǐr	信条 xìntiáo	爽朗 shuǎnglǎng	博士 bóshì	小米 xiǎomǐ
不幸 bùxìng	奴隶 núlì	海域 hǎiyù	帝国 dìguó	胖墩儿 pàngdūnr
嗓音 sǎngyīn	特赦 tèshè	铅笔 qiānbǐ	叔叔 shū · shu	撞击 zhuàngjī
吃惊 chījīng	饭店 fàndiàn	开放 kāifàng	两口子 liǎngkǒu · zi	钻石 zuànshí
舞女 wǔnǚ	人群 rénqún	民众 mínzhòng	故意 gùyì	从前 cóngqián
甬道 yǒngdào	剔除 tīchú	分析 fēnxī	充实 chōngshí	夹缝儿 jiāfèngr
课题 kètí	奇异 qíyì	松懈 sōngxiè	批准 pīzhǔn	主角儿 zhǔjuér
阶层 jiēcéng	眼角 yǎnjiǎo	恶棍 ègùn	私有制 sīyǒuzhì	

三、朗读短文（400 个音节，限时 4 分钟，共 30 分）

作品 3 号

四、命题说话（请在下列话题中任选一个，限时 3 分钟，共 40 分）

1. 童年的记忆

2. 我的假日生活

试卷九十二

一、读单音节字词（100 个音节，限时 3.5 分钟，共 10 分）

福 fú　败 bài　吹 chuī　媒 méi　彭 Péng　肉 ròu　禾 hé　奎 kuí　邢 Xíng　囤 tún

总 zǒng　交 jiāo　词 cí　锭 dìng　厘 lí　拼 pīn　认 rèn　宋 Sòng　兮 xī　憾 hàn

纯 chún　鳌 áo　二 èr　辉 huī　况 kuàng　蟒 mǎng　漂 piāo　如 rú　涛 tāo　驯 xùn

痕 hén　肯 kěn　伞 sǎn　锰 měng　祈 qí　童 tóng　杯 bēi　呈 chéng　帆 fān　亿 yì

栋 dòng　归 guī　勒 lè　农 nóng　庄 zhuāng　磬 qìng　书 shū　袜 wà　错 cuò　架 jià

杆 gǎn　济 jì　腊 là　臂 bì　齿 chǐ　穆 mù　育 yù　砂 shā　耕 gēng　阙 què

结 jié　萝 luó　上 shàng　右 yòu　寝 qǐn　误 wù　拨 bō　犊 dú　谷 gǔ　哪 nǎ

擦 cā　钝 dùn　惊 jīng　各 gè　始 shǐ　微 wēi　峦 luán　内 nèi　囚 qiú　遭 zāo

补 bǔ　传 chuán　坟 fén　欢 huān　滕 Téng　控 kòng　抛 pāo　眠 mián　霰 xiàn　溶 róng

近 jìn　涨 zhǎng　省 shěng　泥 ní　锹 qiāo　问 wèn　草 cǎo　陡 dǒu　怪 guài　伶 líng

二、读多音节词语（100 个音节，限时 2.5 分钟，共 20 分）

作法 zuòfǎ　舞剧 wǔjù　母亲 mǔ · qīn　如同 rútóng　灯泡儿 dēngpàor

重修 chóngxiū　鸿沟 Hónggōu　跟头 gēn · tou　矮小 ǎixiǎo　打火机 dǎhuǒjī

甲板 jiǎbǎn　内部 nèibù　天真 tiānzhēn　许可 xǔkě　放牧 fàngmù

开阔 kāikuò　衣裳 yī · shang　边陲 biānchuí　屁股 pì · gu　圆心 yuánxīn

善良 shànliáng　村落 cūnluò　送信儿 sòngxìnr　翻滚 fāngǔn　口号 kǒuhào

起源 qǐyuán　首领 shǒulǐng　造就 zàojiù　古朴 gǔpǔ　灵敏 língmǐn

小曲儿 xiǎoqǔr　猜疑 cāiyí　诊断 zhěnduàn　图纸 túzhǐ　穷人 qióngrén

版本 bǎnběn　铺盖 pū · gai　女儿 nǚ' ér　恶果 èguǒ　局限 júxiàn

饲养 sìyǎng　严寒 yánhán　画展 huàzhǎn　装置 zhuāngzhì　人体 réntǐ

没谱儿 méipǔr　揣摩 chuǎimó　外资 wàizī　研究生 yánjiūshēng

三、朗读短文（400 个音节，限时 4 分钟，共 30 分）

作品 47 号

四、命题说话（请在下列话题中任选一个，限时 3 分钟，共 40 分）

1. 我喜爱的书刊

2. 谈谈美食

试卷九十三

一、读单音节字词（100 个音节，限时 3.5 分钟，共 10 分）

搬 bān	垂 chuí	掐 qiā	坑 kēng	默 mò	傻 shǎ	烦 fán	哈 hā	域 yù	瓮 wèng
酚 fēn	灰 huī	抹 mǒ	快 kuài	确 què	北 běi	诚 chéng	幼 yòu	蛙 wā	腮 sāi
昏 hūn	揩 kāi	饶 ráo	坡 pō	蹄 tí	绵 mián	尺 chǐ	早 zǎo	烟 yān	耳 ěr
罪 zuì	浇 jiāo	撩 liáo	频 pín	若 ruò	烫 tàng	啸 xiào	寸 cùn	店 diàn	惠 huì
打 dǎ	肝 gān	黑 hēi	那 nà	扦 qiān	耸 sǒng	捆 kǔn	雾 wù	避 bì	章 zhāng
股 gǔ	既 jì	拦 lán	女 nǚ	追 zhuī	圣 shèng	剜 wān	捕 bǔ	炖 dùn	乔 qiáo
经 jīng	邱 Qiū	龄 líng	梳 shū	波 bō	职 zhí	督 dū	个 gè	昔 xī	宁 níng
竹 zhú	顺 shùn	娘 niáng	任 rèn	购 gòu	星 xīng	宾 bīn	董 dǒng	节 jié	掠 lüè
船 chuán	袄 ǎo	幅 fú	狠 hěn	烤 kǎo	眸 móu	畦 qí	士 shì	廷 tíng	义 yì
材 cái	端 duān	拐 guǎi	穴 xué	坐 zuò	摞 luò	叛 pàn	揉 róu	塌 tā	劲 jìn

二、读多音节词语（100 个音节，限时 2.5 分钟，共 20 分）

脚步 jiǎobù	主义 zhǔyì	排泄 páixiè	杉木 shāmù	下降 xiàjiàng
蒜瓣儿 suànbànr	肥料 féiliào	刀把儿 dāobàr	地壳 dìqiào	债务 zhàiwù
拟定 nǐdìng	奶粉 nǎifěn	性格 xìnggé	讲究 jiǎng · jiu	编制 biānzhì
点心 diǎn · xin	夫人 fū · rén	可是 kěshì	脾胃 píwèi	推销 tuīxiāo
养殖 yǎngzhí	财富 cáifù	工艺 gōngyì	调节 tiáojié	名堂 míng · tang
鲁莽 lǔmǎng	取悦 qǔyuè	阻力 zǔlì	华侨 huáqiáo	出路 chūlù
老头儿 lǎotóur	渺小 miǎoxiǎo	自发 zìfā	玩笑 wánxiào	容貌 róngmào
记性 jì · xing	错误 cuòwù	轨道 guǐdào	起火 qǐhuǒ	看望 kànwàng
预测 yùcè	守旧 shǒujiù	蒸汽 zhēngqì	做活儿 zuòhuór	传说 chuánshuō
无形 wúxíng	呼吸 hūxī	蠕动 rúdòng	司空见惯 sīkōng-jiànguàn	

三、朗读短文（400 个音节，限时 4 分钟，共 30 分）

作品 12 号

四、命题说话（请在下列话题中任选一个，限时 3 分钟，共 40 分）

1. 我和体育

2. 我喜欢的季节（或天气）

试卷九十四

一、读单音节字词（100 个音节，限时 3.5 分钟，共 10 分）

病 bìng	粗 cū	庆 qìng	贩 fàn	拘 jū	昏 hūn	辽 liáo	专 zhuān	湾 wān	祀 sì
达 dá	费 fèi	桦 huà	溃 kuì	垄 lǒng	你 nǐ	仍 réng	梭 suō	壁 bì	悉 xī
尔 ěr	隔 gé	癞 lài	纳 nà	艺 yì	签 qiān	胜 shèng	痛 tòng	承 chéng	街 jiē
赶 gǎn	霍 huò	沫 mò	奔 bēn	兴 xìng	扰 rǎo	跨 kuà	拓 tuò	丢 diū	蓬 péng
元 yuán	空 kōng	狭 xiá	辟 pì	儒 rú	啼 tí	板 bǎn	电 diàn	逛 guàng	勉 miǎn
唇 chún	拗 niù	浮 fú	还 hái	价 jià	洛 Luò	农 nóng	翘 qiào	舌 shé	瓦 wǎ
方 fāng	悔 huǐ	卡 kǎ	植 zhí	讼 sòng	组 zǔ	瘟 wēn	不 bù	窜 cuàn	缺 quē
胶 jiāo	擂 lèi	您 nín	沁 qìn	税 shuì	蹬 dēng	持 chí	载 zài	欲 yù	工 gōng
找 zhǎo	乡 xiāng	渺 miǎo	亭 tíng	叶 yè	瑞 ruì	德 dé	瞥 piē	骨 gǔ	看 kàn
财 cái	墩 dūn	增 zēng	京 jīng	梁 liáng	麻 má	棋 qí	氏 shì	趟 tàng	严 yán

二、读多音节词语（100 个音节，限时 2.5 分钟，共 20 分）

长官 zhǎngguān	快速 kuàisù	旁边 pángbiān	水果 shuǐguǒ	选手 xuǎnshǒu
脖颈儿 bógěngr	发挥 fāhuī	似的 shì · de	穿山甲 chuānshānjiǎ	去世 qùshì
环流 huánliú	头顶 tóudǐng	流派 liúpài	自行车 zìxíngchē	彩绘 cǎihuì
金子 jīn · zi	改良 gǎiliáng	练习 liànxí	请求 qǐngqiú	影响 yǐngxiǎng
体会 tǐhuì	毁灭 huǐmiè	藐视 miǎoshì	豆芽儿 dòuyár	磁极 cíjí
周期 zhōuqī	武器 wǔqì	热量 rèliàng	顶替 dǐngtì	外商 wàishāng
争夺 zhēngduó	就算 jiùsuàn	麻花儿 máhuār	忍耐 rěnnài	年代 niándài
笨拙 bènzhuō	分布 fēnbù	关系 guān · xì	克服 kèfú	破产 pòchǎn
搜集 sōují	业余 yèyú	恶魔 èmó	女方 nǚfāng	杂交 zájiāo
出圈儿 chūquānr	损害 sǔnhài	享有 xiǎngyǒu	解释 jiěshì	

三、朗读短文（400 个音节，限时 4 分钟，共 30 分）

作品 56 号

四、命题说话（请在下列话题中任选一个，限时 3 分钟，共 40 分）

1. 童年的记忆

2. 我的假日生活

试卷九十五

一、读单音节字词（100 个音节，限时 3.5 分钟，共 10 分）

喙 huì	剑 jiàn	马 mǎ	骗 piàn	示 shì	承 chéng	皱 zhòu	丸 wán	议 yì	顿 dùn
废 fèi	惑 huò	恐 kǒng	雀 què	优 yōu	铭 míng	万 wàn	闭 bì	扯 chě	蒜 suàn
答 dá	丰 fēng	俏 qiào	坏 huài	钠 nà	量 liàng	水 shuǐ	布 bù	惜 xī	宰 zǎi
喘 chuǎn	傲 ào	服 fú	吼 hǒu	刊 kān	魔 mó	鳍 qí	盛 shèng	望 wàng	遇 yù
版 bǎn	拆 chāi	乾 qián	瞄 miáo	纺 fǎng	首 shǒu	瓦 wǎ	糊 hú	园 yuán	狂 kuáng
鼓 gǔ	祭 jì	镭 léi	陶 táo	扭 niǔ	择 zé	瞎 xiā	贝 bèi	斗 dòu	窃 qiè
晋 jìn	殖 zhí	鸟 niǎo	梯 tī	日 rì	销 xiāo	采 cǎi	电 diàn	共 gòng	蹓 liù
转 zhuǎn	格 gé	贪 tān	呆 dāi	疗 liáo	爬 pá	熊 xióng	存 cún	扰 rǎo	接 jiē
而 ér	茎 jīng	锂 lǐ	敢 gǎn	毡 zhān	顷 qǐng	蜕 tuì	相 xiāng	编 biān	嫩 nèn
教 jiào	罗 luó	泡 pào	锐 ruì	温 wēn	言 yán	催 cuī	邓 Dèng	逐 zhú	刮 guā

二、读多音节词语（100 个音节，限时 2.5 分钟，共 20 分）

芭蕾舞 bālěiwǔ	仿照 fǎngzhào	景色 jǐngsè	忙活 máng · huo	膨胀 péngzhàng
俗称 súchēng	写作 xiězuò	俯瞰 fǔkàn	彩电 cǎidiàn	没词儿 méicír
空间 kōngjiān	手术 shǒushù	派遣 pàiqiǎn	养分 yǎngfèn	脚印儿 jiǎoyìnr
城堡 chéngbǎo	感想 gǎnxiǎng	老百姓 lǎobǎixìng	印象 yìnxiàng	慎重 shènzhòng
抢救 qiǎngjiù	糟粕 zāopò	恶人 èrén	媳妇 xí · fu	能力 nénglì
极端 jíduān	无机 wújī	岁月 suìyuè	综合 zōnghé	流体 liútǐ
全民 quánmín	投产 tóuchǎn	唱歌儿 chànggēr	刺骨 cìgǔ	故障 gùzhàng
窟窿 kū · long	按钮 ànniǔ	端午 Duānwǔ	货运 huòyùn	乃至 nǎizhì
融合 rónghé	围剿 wéijiǎo	呆滞 dāizhì	半道儿 bàndàor	悔改 huǐgǎi
贸易 màoyì	人口 rénkǒu	推翻 tuīfān	庄严 zhuāngyán	

三、朗读短文（400 个音节，限时 4 分钟，共 30 分）

作品 8 号

四、命题说话（请在下列话题中任选一个，限时 3 分钟，共 40 分）

1. 我的朋友
2. 我知道的风俗

试卷九十六

一、读单音节字词（100个音节，限时3.5分钟，共10分）

办 bàn	承 chéng	嗣 sì	听 tīng	番 fān	愧 kuì	唬 hǔ	满 mǎn	启 qǐ	愈 yù
皆 jiē	赚 zhuàn	内 nèi	热 rè	输 shū	彩 cǎi	顶 dǐng	广 guǎng	溪 xī	英 yīng
酒 jiǔ	聘 pìn	休 xiū	入 rù	他 tā	仓 cāng	裸 luǒ	对 duì	遭 zāo	海 hǎi
簇 cù	奥 ào	扶 fú	慌 huāng	刊 kān	码 mǎ	颇 pō	仨 sā	讨 tǎo	详 xiáng
航 háng	篮 lán	谬 miù	擎 qíng	拥 yōng	备 bèi	词 cí	肺 fèi	透 tòu	笋 sǔn
大 dà	固 gù	荤 hūn	鲤 lǐ	男 nán	员 yuán	剩 shèng	闭 bì	皖 Wǎn	窍 qiào
儿 ér	世 shì	寄 jì	更 gèng	浓 nóng	垒 lěi	瘸 qué	问 wèn	薄 báo	憎 zēng
否 fǒu	慧 huì	歉 qiàn	叩 kòu	没 méi	诵 sòng	步 bù	撤 chè	亦 yì	筒 tǒng
感 gǎn	浸 jìn	聊 liáo	止 zhǐ	嚷 rǎng	受 shòu	窝 wō	别 bié	担 dān	女 nǚ
主 zhǔ	绺 liǔ	扒 bā	雄 xióng	池 chí	谁 shuí	逗 dòu	溶 róng	格 gé	剑 jiàn

二、读多音节词语（100个音节，限时2.5分钟，共20分）

图谋 túmóu	情报 qíngbào	姥姥 lǎo · lao	在世 zàishì	传导 chuándǎo
夫妻 fūqī	开头 kāitóu	棉球儿 miánqiúr	阻击 zǔjī	私塾 sīshú
便宜 pián · yi	孔雀 kǒngquè	恶毒 èdú	榜样 bǎngyàng	眼帘 yǎnlián
壶盖儿 húgàir	薄弱 bóruò	经理 jīnglǐ	水晶 shuǐjīng	典型 diǎnxíng
盆地 péndì	鸽子 gē · zi	嘴脸 zuǐliǎn	汪洋 wāngyáng	肉质 ròuzhì
萌发 méngfā	勾结 gōujié	才能 cáinéng	上流 shàngliú	牛仔裤 niúzǎikù
圆舞曲 yuánwǔqǔ	大脑 dànǎo	香肠儿 xiāngchángr	激素 jīsù	诞生 dànshēng
纸板 zhǐbǎn	委屈 wěi · qu	螳螂 tángláng	前提 qiántí	连续 liánxù
村庄 cūnzhuāng	房间 fángjiān	星辰 xīngchén	仁慈 réncí	难于 nányú
嗓门儿 sǎngménr	好看 hǎokàn	沉着 chénzhuó	广泛 guǎngfàn	

三、朗读短文（400个音节，限时4分钟，共30分）

作品24号

四、命题说话（请在下列话题中任选一个，限时3分钟，共40分）

1. 童年的记忆
2. 我尊敬的人

试卷九十七

一、读单音节字词（100 个音节，限时 3.5 分钟，共 10 分）

永 yǒng	煮 zhǔ	迄 qì	肋 lèi	弄 nòng	腕 wàn	市 shì	斗 dòu	逛 guàng	驹 jū
软 ruǎn	南 nán	异 yì	促 cù	颂 sòng	燎 liáo	倍 bèi	好 hǎo	儿 ér	歇 xiē
授 shòu	撬 qiào	诫 jiè	丢 diū	故 gù	庙 miào	针 zhēn	岩 yán	危 wēi	览 lǎn
套 tào	腮 sāi	胚 pēi	摧 cuī	旷 kuàng	禁 jìn	歌 gē	葬 zàng	香 xiāng	命 mìng
瑟 sè	乘 chéng	螺 luó	垦 kěn	活 huó	责 zé	虚 xū	艇 tǐng	伏 fú	碰 pèng
熄 xī	它 tā	熟 shú	券 quàn	枚 méi	堪 kān	纠 jiū	拱 gǒng	杂 zá	吃 chī
敞 chǎng	库 kù	谱 pǔ	绫 líng	匪 fěi	哄 hǒng	信 xìn	走 zǒu	头 tóu	扔 rēng
我 wǒ	伤 shāng	摹 mó	必 bì	驾 jià	呛 qiàng	只 zhǐ	曰 yuē	订 dìng	跪 guì
残 cán	翻 fān	乳 rǔ	黑 hēi	决 jué	挣 zhèng	禄 lù	炮 pào	锈 xiù	桶 tǒng
桩 zhuāng	袁 Yuán	旺 wàng	损 sǔn	绕 rào	捏 niē	吏 lì	饥 jī	部 bù	队 duì

二、读多音节词语（100 个音节，限时 2.5 分钟，共 20 分）

规矩 guī · ju	白桦 báihuà	恶习 èxí	窘迫 jiǒngpò	年初 niánchū
热烈 rèliè	选手 xuǎnshǒu	擦拭 cāshì	分水岭 fēnshuǐlǐng	位子 wèi · zi
空白 kòngbái	偶尔 ǒu'ěr	一早 yīzǎo	随后 suíhòu	鬼脸 guǐliǎn
力图 lìtú	培养 péiyǎng	花样儿 huāyàngr	嘈杂 cáozá	缩小 suōxiǎo
照片 zhàopiàn	海岛 hǎidǎo	履行 lǚxíng	砂轮儿 shālúnr	炊烟 chuīyān
在于 zàiyú	特点 tèdiǎn	屏幕 píngmù	摈弃 bìnqì	烦闷 fánmèn
开创 kāichuàng	努力 nǔlì	认为 rènwéi	收成 shōu · cheng	有名 yǒumíng
主管 zhǔguǎn	全局 quánjú	委托 wěituō	厂家 chǎngjiā	肚脐儿 dùqír
缓解 huǎnjiě	茫然 mángrán	冬眠 dōngmián	自愿 zìyuàn	敏感 mǐngǎn
神经质 shénjīngzhì	新闻 xīnwén	痰盂儿 tányúr	奖品 jiǎngpǐn	

三、朗读短文（400 个音节，限时 4 分钟，共 30 分）

作品 38 号

四、命题说话（请在下列话题中任选一个，限时 3 分钟，共 40 分）

1. 我向往的地方
2. 我的学习生活

试卷九十八

一、读单音节字词（100 个音节，限时 3.5 分钟，共 10 分）

夫 fū	壑 hè	阿 ā	虫 chóng	眉 méi	鞘 qiào	属 shǔ	宽 kuān	原 yuán	卧 wò
被 bèi	踩 cǎi	凡 fán	枉 wǎng	皇 huáng	妙 miào	困 kùn	犬 quǎn	涌 yǒng	卅 sà
曾 céng	佛 fó	烘 hōng	揽 lǎn	难 nán	晴 qíng	搔 sāo	威 wēi	半 bàn	在 zài
愁 chóu	暗 àn	恩 ēn	杭 Háng	坎 kǎn	慢 màn	汽 qì	兽 shòu	招 zhāo	役 yì
飞 fēi	恒 héng	韵 yùn	隶 lì	念 niàn	酥 sū	笔 bǐ	从 cóng	膝 xī	屈 qū
高 gāo	菊 jú	子 zǐ	宁 níng	偷 tōu	胸 xiōng	若 ruò	箔 bó	掉 diào	萝 luó
纸 zhǐ	统 tǒng	掳 lǔ	偏 piān	让 ràng	循 xún	迸 bèng	刀 dāo	沟 gōu	贾 Jiǎ
呆 dāi	割 gē	姬 jī	则 zé	惹 rě	撂 liào	她 tā	限 xiàn	表 biǎo	弄 nòng
姜 jiāng	陵 líng	盆 pén	式 shì	腿 tuǐ	程 chéng	堵 dǔ	注 zhù	炎 yán	顾 gù
埋 mái	怕 pà	挺 tǐng	要 yào	商 shāng	产 chǎn	症 zhèng	硅 guī	峻 jùn	堆 duī

二、读多音节词语（100 个音节，限时 2.5 分钟，共 20 分）

走访 zǒufǎng	警惕 jǐngtì	武生 wǔshēng	年轻 niánqīng	扫荡 sǎodàng
打扮 dǎ · ban	成人 chéngrén	人造 rénzào	胡同儿 hútòngr	葬礼 zànglǐ
逃兵 táobīng	辞职 cízhí	光泽 guāngzé	卵巢 luǎncháo	引擎 yǐnqíng
曙光 shǔguāng	公安 gōng'ān	草地 cǎodì	跑调儿 pǎodiàor	老鼠 lǎoshǔ
起点 qǐdiǎn	孩子 hái · zi	蛛网 zhūwǎng	似是而非 sìshì-érfēi	上帝 Shàngdì
内涵 nèihán	军舰 jūnjiàn	动手 dòngshǒu	拖延 tuōyán	扰乱 rǎoluàn
苗头 miáo · tou	纸浆 zhǐjiāng	敏锐 mǐnruì	恶性 èxìng	冲破 chōngpò
饱和 bǎohé	清洁 qīngjié	戏法儿 xìfǎr	羽绒 yǔróng	口号 kǒuhào
反应 fǎnyìng	晚霞 wǎnxiá	坎肩儿 kǎnjiānr	导致 dǎozhì	客厅 kètīng
索取 suǒqǔ	付出 fùchū	平常 píngcháng	变量 biànliàng	

三、朗读短文（400 个音节，限时 4 分钟，共 30 分）

作品 40 号

四、命题说话（请在下列话题中任选一个，限时 3 分钟，共 40 分）

1. 我喜欢的节日

2. 我的成长之路

试卷九十九

一、读单音节字词（100 个音节，限时 3.5 分钟，共 10 分）

繁 fán	案 àn	跨 kuà	丑 chǒu	晒 shài	明 míng	花 huā	泣 qì	约 yuē	韦 wéi
伴 bàn	触 chù	蒙 méng	印 yìn	妾 qiè	遮 zhē	非 fēi	谎 huǎng	亏 kuī	瘦 shòu
待 dài	吉 jí	郎 láng	辈 bèi	拟 nǐ	卿 qīng	搁 gē	穗 suì	袭 xí	紫 zǐ
哈 hā	阶 jiē	迈 mài	派 pài	事 shì	窜 cuàn	铜 tóng	赵 Zhào	也 yě	敷 fū
厚 hòu	挨 ái	秤 chèng	凤 fèng	看 kàn	秒 miǎo	攀 pān	赏 shǎng	妄 wàng	译 yì
拱 gǒng	钻 zuàn	色 sè	缆 lǎn	袪 qū	秀 xiù	颊 jiá	跛 bǒ	单 dān	内 nèi
僵 jiāng	戌 xū	怒 nù	尊 zūn	人 rén	榻 tà	菜 cài	抖 dǒu	跟 gēn	廖 Liào
指 zhǐ	雇 gù	敛 liǎn	坛 tán	庞 páng	悬 xuán	叠 dié	槽 cáo	弱 ruò	矩 jǔ
茶 chá	刚 gāng	浑 hún	抗 kàng	梅 méi	冤 yuān	数 shù	涡 wō	彼 bǐ	蜷 quán
郡 jùn	抡 lūn	劈 pī	然 rán	甜 tián	沿 yán	层 céng	杜 dù	驻 zhù	勾 gōu

二、读多音节词语（100 个音节，限时 2.5 分钟，共 20 分）

笑话 xiào · hua	转脸 zhuǎnliǎn	热能 rènéng	宁静 níngjìng	委婉 wěiwǎn
锻炼 duànliàn	进展 jìnzhǎn	暂且 zànqiě	扇面儿 shànmiànr	体征 tǐzhēng
朝廷 cháotíng	取消 qǔxiāo	官僚 guānliáo	弥漫 mímàn	铜钱 tóngqián
浪头 làng · tou	宗法 zōngfǎ	清醒 qīngxǐng	每年 měinián	后果 hòuguǒ
出血 chūxiě	月季 yuèjì	从小 cóngxiǎo	火罐儿 huǒguànr	水肿 shuǐzhǒng
公元 gōngyuán	劳动日 láodòngrì	片刻 piànkè	参照 cānzhào	养老 yǎnglǎo
譬如 pìrú	考古 kǎogǔ	耳垂儿 ěrchuír	腐朽 fǔxiǔ	算盘 suàn · pán
肇事 zhàoshì	比方 bǐ · fang	围裙 wéi · qún	任意 rènyì	假使 jiǎshǐ
待遇 dàiyù	果冻儿 guǒdòngr	许愿 xǔyuàn	色调 sèdiào	偶然 ǒurán
口语 kǒuyǔ	恶意 èyì	半夜 bànyè	农产品 nóngchǎnpǐn	

三、朗读短文（400 个音节，限时 4 分钟，共 30 分）

作品 7 号

四、命题说话（请在下列话题中任选一个，限时 3 分钟，共 40 分）

1. 我喜爱的职业

2. 谈谈个人修养

试卷一百

一、读单音节字词（100 个音节，限时 3.5 分钟，共 10 分）

腰 yāo	做 zuò	烈 liè	拒 jù	钢 gāng	拓 tuò	绒 róng	拧 nǐng	操 cāo	当 dāng
冰 bīng	娘 niáng	蔡 Cài	关 guān	陇 Lǒng	度 dù	涧 jiàn	圆 yuán	乌 wū	瑞 ruì
寻 xún	途 tú	蛆 qū	脑 nǎo	涝 lào	窘 jiǒng	跟 gēn	兜 dōu	至 zhì	癌 ái
契 qì	猫 māo	卡 kǎ	揪 jiū	弗 fú	唱 chàng	庄 zhuāng	朽 xiǔ	特 tè	宝 bǎo
术 shù	盘 pán	窄 zhǎi	翔 xiáng	民 mín	啃 kěn	比 bǐ	讽 fěng	查 chá	虹 hóng
扑 pū	麦 mài	鬓 bìn	喝 hē	肥 féi	雌 cí	赞 zàn	铣 xǐ	势 shì	矿 kuàng
潭 tán	怯 qiè	免 miǎn	懒 lǎn	洁 jié	昂 áng	点 diǎn	众 zhòng	絮 xù	宫 gōng
自 zì	月 yuè	退 tuì	柔 róu	嫩 nèn	凌 líng	绞 jiǎo	桂 guì	迭 dié	粗 cū
瓮 wèng	岁 suì	牌 pái	反 fǎn	奔 bēn	口 kǒu	换 huàn	串 chuàn	匀 yún	镰 lián
桑 sāng	瓣 bàn	吕 lǚ	疾 jí	很 hěn	饿 è	充 chōng	易 yì	违 wéi	贫 pín

二、读多音节词语（100 个音节，限时 2.5 分钟，共 20 分）

必要 bìyào	地道 dìdào	方针 fāngzhēn	肃清 sùqīng	判处 pànchǔ
况且 kuàngqiě	由衷 yóuzhōng	规划 guīhuà	楼房 lóufáng	小葱儿 xiǎocōngr
财政 cáizhèng	期间 qījiān	爽朗 shuǎnglǎng	造谣 zàoyáo	婚姻 hūnyīn
记事儿 jìshìr	裁缝 cáifeng	明确 míngquè	正步 zhèngbù	坦白 tǎnbái
墙壁 qiángbì	沉默 chénmò	意思 yì · si	感动 gǎndòng	评选 píngxuǎn
冷水 lěngshuǐ	胰腺 yíxiàn	使馆 shǐguǎn	绸子 chóu · zi	表演 biǎoyǎn
恶作剧 èzuòjù	可以 kěyǐ	女性 nǚxìng	撒娇 sājiāo	雪山 xuěshān
茁壮 zhuózhuàng	扰动 rǎodòng	党委 dǎngwěi	图钉儿 túdīngr	合理 hélǐ
网点 wǎngdiǎn	模样 múyàng	法制 fǎzhì	奏效 zòuxiào	难道 nándào
无赖 wúlài	儿媳妇儿 érxífur	容易 róngyì	酒精 jiǔjīng	

三、朗读短文（400 个音节，限时 4 分钟，共 30 分）

作品 36 号

四、命题说话（请在下列话题中任选一个，限时 3 分钟，共 40 分）

1. 学习普通话的体会

2. 难忘的旅行